教養としての金融危機

宮崎成人

講談社現代新書
2648

まえがき

国際金融危機には「人間ドラマ」がある

日本には歴史の好きな方が数多くいます。しかし、「国際金融危機の歴史が好き」という方は少ないでしょう。それはとても残念なことです。なぜなら、**過去100年間に世界経済の運命を変えかねなかった**（あるいは本当に変えてしまった）**危機を見ていくと、そこには「人間ドラマ」があるからです。**

国際金融危機は人知を超えた出来事ではありません。多くの人間が感じる欲求や、良かれと思って下した判断の予期せぬ結果が積み重なったときに、思わぬ形で立ち上がってきます。過去の危機のエピソードには、経済的な苦境に陥ってしまった方々の苦しみがある反面、危機の解決に粉骨砕身した人々の叡智と勇気も見て取れます。それらの人々の結集体である国と国の協力やライバル関係も重要な要素です。残念ながら、すべての危機が思い通りの形で解決されたわけではありませんし、未来の危機をすべて未然に防ぐこともできません。そうした挫折も、人間ドラマの一部だと思います。

加えて、**国際金融危機の面白さ**（と言っては語弊がありますが）**は、ミステリー小説を読む**

楽しみに通じると思います。危機に至る経緯は、事件現場の状況証拠です。危機のトリガーを引くのは、いったい誰でしょうか？　為替レートか財政赤字か、インフレか金融セクターか、不良債権か土地バブルか、まさに犯人捜しの趣です。もし問題があるとすれば、犯人候補の数がそれほど多くなく、しかも毎回似たような候補者が出てくることです。ですから、本当のミステリーにはなり得ませんが、意外に早く犯人が見つかるので、満足度は高いと思います。

「100年」「九つの危機」「ストーリー」

国際金融という言葉のイメージは硬いし、専門的な用語や理論的分析等、ハードルが高いことは否定できません。そこで**本書では、過去100年間の国際金融危機の歴史をストーリーとして描き、大きな流れとその背景に集中できるようにしました。**

なぜ「100年」なのでしょうか？

それは本書の扱うような現代の国際金融危機は、第一次世界大戦後の状況にその起源があると筆者が考えるからです。

19世紀後半に現代的な国民国家が成立したとして、そうした国家が第一次世界大戦後本格的に、固定相場制、経常収支の黒字と赤字、対外債務の支払い不能、緊縮政策と国民の不満、銀行の破綻と公的支援への批判といったテーマに立ち向かいます。そしてそれらのテーマは、時代によって装いを変えつつも、本質的には不変のまま、今に至るまで繰り返し登場してきます。それが国際金融の面白いところです。

では、なぜ「九つの危機」なのでしょうか？

たしかに過去１００年間には、無数の危機や混乱がありました。当事者にとっては、筆舌に尽くしがたい苦難もあったと思います。しかし、世界史的な大きな流れを理解する上で意味のある出来事は、やはり限られています。その影響力が特に広範囲に及び、世界経済の行方を左右したと思われる代表的な危機を選んだ結果、「九つの危機」と、将来を見据えた「10番目の危機」の可能性という構成となりました。

最後に、なぜ「ストーリー」なのでしょうか？

どんな歴史も同じだと思いますが、国際金融危機の歴史も、細部に入り込むと迷路にはまって出てこられません。事実関係を肯定・否定しているうちはまだよいのですが、ある事実をどう解釈するかということになると、百家争鳴《ひゃっかそうめい》でとてもすべてに目配りはできません。特に経済理論が関わってくると、もうお手上げです。正直に申し上げれば、本書を執筆するために資料を参照するたび、知らなかった話が次々と現われてきました。それではいつまでたっても書けませんので、ストーリーを提示することで大きな流れを共有する方針としたのです。

その結果、もしかしたら、細部どころか重要な心柱ですら割愛しているかもしれません。その代わり「なるほど、そういう話だったのか」という「大まかな真実」で話を紡いでいったつもりです。もし、本書が入り口となって、読者の皆さんをより深い迷路に誘い込むことができたなら、大変嬉しく思います。ぜひ、数々の専門的名著に挑戦してみてください。

国際金融の仕組み

国際金融は、国境を越えて行き来する資金の流れによって形作られる、非常に洗練されたシステムです。我々の日常は国際金融システムの円滑な機能に支えられているとさえ言えるでしょう。うまく働いているなら問題は起こらないはずですが、**我々は、ほぼ10年に一度くらいの頻度で、国際金融システムが大きな機能不全**（危機）**に陥ることを経験則として知っています。なぜ、こういうことになるのでしょうか？**

一つ具体的な事例を、極端に単純化して考えてみましょう。

インバウンド観光客が京都でお土産を購入すれば、それだけ海外から日本にお金が流入することになります。政府の誘致策が成功して、仮に、ものすごく多くの観光客が日本に押し寄せ、買い物してくれたらどうなるでしょうか？

日本国内は好景気になりそうですが、同時に海外から膨大なお金（外貨）が流入して円に交換されるので、為替レートが円高になります。そして円高になると、為替の安い海外に比べて相対的に日本の物価が高くなりますから、海外からの観光客はやがて減少するでしょう。また日本企業の輸出競争力が低下するため、一部の企業は国内工場を閉じて海外に生産拠点を移しますので、失業が発生します。一方、日本への石油や食料の輸入が増えて国際価格が上昇し、一次産品を産出しない低所得国では貧困層のための価格補助金が増加し財政赤字が増えるでしょう。それ以外にも、数々の波及効果がありそうです。

つまり、**表面的には問題なく動いているシステムでも、少しずつ、色々な歪みが蓄積している可能性があるのです。**

よく言われるたとえですが、箱の中に風船を入れようとして1ヵ所を押すと、別なところで風船が膨らんでしまって、なかなか箱に入りません。同様に、インバウンド観光客の増加という点で国際金融の風船を押してみると、為替レートとか一次産品価格とか海外景気とか、様々なところで影響が出てくる（風船が膨らんでしまう）わけです。たまたま押す場所が悪かったり、必要以上に強く押したりして歪みが累積していくと、思わぬところが暴発して風船が割れる可能性が高まります。割れてしまった後から見れば、「あそこの押し方が悪かった」と明白に指摘できても、実際に押している時に経済が調子よく回転していれば、「押すのをやめろ」と自信をもって断言するのは専門家といわれる人々でも難しいでしょうし、国民の支持も得難いでしょう。

国際金融の歴史は、「割れてしまった風船をどうやって修復するか、次は割れないようにどこを補強するか」の手探りの歴史だったと言っても過言ではありません。

国際金融危機は「人間ドラマ」だと申しました。突然襲う天災とは異なります。しかし、我々が防災に心を配るように、国際金融危機への心の準備をしておくのは大切なことです。まして、**世界が未曽有の新型コロナウイルスのパンデミックに直面している現在、先を見据えて考えることの価値はますます高まっています。**そしてそれは、**「専門家」と呼ばれる人々だけに任せておけばよいような事柄ではなく、国際金融の恩恵を受けている我々一人ひとりが、主体的に関心を持ち続けていくべきテーマなのだと思います。**

本書が、そうした努力の一助となれば、望外の喜びです。

最後に、本書の記述の基となったデータは、特に断りのない限り、IMF、世界銀行、OECD、財務省、日本銀行、セントルイス連邦準備銀行等、公的機関のウェブサイトから取っています。米国の連邦準備制度理事会は、日本の慣習に従って「FRB」と略しています。また、参考文献として掲げた本や論文以外にも、これまで筆者が読んだ無数の文献やかわした会話等が、本書の議論に溶け込んでいます。もちろん、それらの解釈を含め、本書の記述に関するすべての責任は筆者のみが負うものです。人名は敬称略とします。

目次

序——国の黒字・赤字とはどういう意味か？

——国際金融の仕組み

資金の流れを診断する

国際金融は国境を越える資金の流れのシステムです。身体の血行が悪くなって、ある時点で血栓ができて血流が止まると大事に至るように、国際的な資金の流れが滞ったり逆流したりすると、危機の可能性が高まります。

本書で扱うような大規模な国際金融危機は、危機の主因から、経常収支危機、通貨危機、債務危機、金融危機等いくつかのパターンに分類できます。それらに一貫するのは、国際的な資金の流れが変調することです。これまで「所与」としていた資金の流れが大きく変化し、政府・企業・家計・金融機関等の行動の前提が変わってしまうと、その変化に順応する過程で危機となる場合があるのです。

そこで、**国際金融危機を考えるには、まず、資金の流れを観察する必要があります。**もし変調が見つかった場合、その原因を特定すれば、危機を予防できるかもしれません。あいにく危機となった場合には、資金の流れをどの程度回復させるべきか、という判断の材料を提供するでしょう。こうした観察のためのツールが**国際収支統計**です。

政府でも、企業でも、家計でも、日々資金が出入りしています。黒字と言えば「入ってくるお金が出ていくお金より多い」ことを示します。赤字は、その反対です。国際収支統計は、政府から、企業、個々人まで、日本という国家の領域内に基盤を置くすべての経済主体が、海外と取引する資金の出入りの集計です。つまり、国際収支の黒字・赤字は、日本に入ってくる資金と出て行く資金の大小関係を見ているわけです。

国境を越えて発生する資金の流れにはどのようなものがあるでしょうか？

まず、貿易に伴う売買代金の決済や、投資家による外国株式の購入等が思いつきます。さらには、留学中の子供への送金、海外旅行先でのホテル代の支払い等、個人レベルの場面もあれば、低所得国への開発援助供与等の国家レベルの案件もあるでしょう。

国際収支統計は、毎日、様々な理由で様々な主体が行う無数の資金移動を集計し、国際的に統一された基準でその全体像を示している定点観測です。ひとつひとつの資金移動が集まり、環境の変化に応じてその全体像を変化させていきます。長期間かけて動くトレンドや、急な変化等をキャッチできるのが、定点観測のいいところです。

例えば、東日本大震災の後に貿易収支が赤字になったと報じられました。そのままでは単なる事実ですが、なぜ赤字になったのかを調べていくと、原子力発電所が操業を停止したため急遽《きゅうきょ》原油・天然ガス・石炭など火力発電のための輸入が増えたことが要因の一つであると分かります。同様に、新型コロナのため海外への出稼ぎが難しくなったので労働者送金が激減した国があるとか、政治的混乱の生じた国から急速に資金が流出している、といった世界中の状況を国際収支統計によってビビッドに裏付けることができます。

食料品の価格が高くなった、株式市場が下落している、インバウンド観光客が増えている、難民のニュースをよく耳にする、等々、我々の日常を取り巻く出来事の多くは、世界中のどこかで、国境を越えた資金の移動の原因あるいは結果として国際収支統計に反映されています。少し大げさですが、**国際収支統計を見れば世界が分かる**と言っても良いでしょう。

では、具体的に国際収支が何を教えてくれるのか見ていきましょう。

国際収支の区分

国際収支は、国境を越えて移動する資金の種類によって、別々に計算されていますが、その二本柱は経常収支と金融収支です。この両者は、コインの裏表のような関係にありま

す。**概念的には、経常収支が黒字の国は、その黒字相当額を海外に貸し出すので金融収支が赤字**（マイナス）**になるし、経常収支が赤字の国は資金不足を賄う額を海外から借りてくるので金融収支が黒字**（プラス）**になる、ということです。**

経常収支は、資金移動の原因によって四つに細分化されます。

（1）貿易収支

最も直感的に理解できるのが貿易収支でしょう。貿易収支はモノ（財）の売買に伴う資金の流れを見る統計です。例えば日本が原油を輸入して自動車を輸出する場合、輸入代金をサウジアラビアに支払い、輸出代金をアメリカから受け取る、といった具合です。

（2）サービス収支

モノではなくサービスの取引の場合はサービス収支となります。貨物や旅客の運賃、特許の使用料等のやり取りを集計します。近年話題のインバウンド観光ですが、日本を訪ねた外国人旅行者が日本国内で使ったお金と、日本人旅行者が海外で使ったお金の差を旅行収支と呼び、サービス収支の一部と位置付けられています。

（3）第一次所得収支

これは過去の投資や貸し付けに対する利子や配当金のやり取りです。海外の株式や債券への投資に伴うリターン（収益）ですが、親会社が海外子会社からの利益を配当の形で受け取るのもここに入ります。日本企業の海外進出が進むにつれ、第一次所得収支の受け取りが増えています。

（4）第二次所得収支

これは対価を伴わない資金の流れを示します。典型的には外国に対する無償援助や、海外で働く労働者が母国に送金する場合が当たります。

モノやサービスの輸出と輸入の差が黒字か赤字か、というのは直感的にわかりやすいと思いますが、それに加えて、投資収益や労働者送金の出入り等も総計すると、経常収支になるわけです。仮に貿易収支が黒字でも、他の収支がそれを上回る赤字であれば、経常収支は赤字になります。つまり、経常黒字（赤字）国が必ずしも貿易黒字（赤字）国とは限りません。

経常収支に対して金融収支は、日本企業が海外に工場を建設する直接投資、日本の居住者が海外市場で株式を購入する証券投資や邦銀が海外に行う融資等、投資行動の際の元本の移動を集計します。外貨準備の増減についても金融収支に計上されます。経常収支の過不足が、投資や融資の形で国外に出たり、海外から流入したりするわけです。

国際収支統計には、これら以外に資本移転収支（外国政府に対する債務免除等で、通常は少額）や誤差脱漏（データ上の不突合等の残差）が計上されています。

経常収支赤字から経常収支危機へ

経常収支の黒字は海外に貸し出され、赤字は海外からの借り入れで穴埋めされる、と述べました。この**穴埋め**（ファイナンシング）**が円滑に行われないと、問題になり得ます。資金流入が不足する場合、外貨準備からの流出で経常収支赤字をカバーしたり、為替レートが変動して両者のバランスを取ったりしないといけません。**

それでは、国の経常収支が赤字になるのはやはり望ましくないのでしょうか？　家計の場合と同様に、国でも黒字の計上を目指すべきでしょうか？　赤字が長期化する場合は特に問題でしょうか？

この問いに対しては、いくつかの考え方があり得ます。

第一の考え方は、経済の動きは市場活動を通じて自然に均衡していくので、なるべく政府が関与せず、何事も市場に任せることが、経済のパフォーマンスを高める道だというも

のです。この信念を持つ人々の意見では、経常収支の黒字や赤字は市場に任せておけば自然に均衡に戻るので、赤字だからといって特に気にする必要はなくなります。こうした考えは、１９８０～１９９０年代以降、米国を中心に大きな影響力を持っています。

しかし、現実には長期間にわたって経常収支の赤字や黒字が継続することが明らかになってくると、これらの人々は、不均衡がそのように長期間継続するのは、市場の力が働くのを妨げている政策要因があるからだと考えました。例えば、本来黒字国の通貨は自然に強くなるはずなのに、黒字国は人為的に為替レートを安く維持する操作をしているのではないか、黒字国は輸入品に不利な国内規制等を使って不公正な貿易を行っているのではないか、といった批判です。つまり、経常赤字それ自体は一時的な現象に過ぎないが、長期化するのは相手国政府が「悪い」政策を採っているからだ、ということになり、そこに政府間の対立が生まれてきます。米国が１９８０年代前半に日本を、２０００年代以降中国を主なターゲットにこうした批判を展開し、摩擦が頻発しました。

第二の考え方は、長期的に経常収支の不均衡が継続しても、それ自体が不適切ということはなく、その国のマクロ経済政策、経済や産業の構造、あるいは人口構成の変化等を反映しているに過ぎない、というものです。例えば、発展途上国は、国内での富の蓄積が十分に進んでおらず、経済発展のための投資に向ける資金が不足しています（貯蓄不足）。そのため、海外から産業機械やソフトウェアを輸入する間は経常赤字が継続し、それを埋めるために海外から資金を借り入れることは、むしろ当然のことです。他方で、成熟した経常黒字国（貯蓄過剰）は、黒字で得た資金を海外に投資して国内よりも高い収益を得ており、将来必要に応じて、海外資産を切り売りして生活水準を維持する準備をしているということができます。19世紀の英国や、現在の日本に当てはまるでしょう。

とはいえ、経常収支の赤字や黒字が過度に大きい場合は、国内の貯蓄と投資のバランスが適切でないことを示しているので、バランスを変化させるような政策を意図的に実行するべきだ、との主張も行われます。１９８０年代後半の日本やドイツに対する米国の批判は、経常黒字を生み出している国内の構造自体にも向けられました。しかし、経済・社会構造に絶対的に正しい基準があるわけではないので、こうした議論は政府間の対立につながってしまいました。

第三の考え方は、もっと現実的なアプローチです。経常収支赤字は、その同額の資金流入でファイナンス（穴埋め）されますので、海外投資家が喜んで資金を貸してくれるうちは赤字であっても特に問題はないが、資金流入が細まってきたら問題だ、というものです。

投資家としては、貸し付けたお金がリターンとともに戻ってくることが肝心なので、返済可能性に疑問符がつくほど借金が累積した（経常赤字を出し続けた）国や、借りた資金で成長・発展への道筋をつけられない（GDPが伸びないので経常赤字／GDP比が上昇する）国への投資に、だんだん二の足を踏むようになるでしょう。借入国（赤字国）は、投資家への魅力を高めるために金利を引き上げたり、投資優遇措置を採ったりするかもしれませんが、どこかの時点でファイナンスに困難をきたすことになりそうです。つまり、投資家の信頼感（信認）が失われるような規模や期間の経常赤字は、その国のためにならないという意味で「悪い」赤字と言えるでしょう。従って、そうなる前に経常赤字を縮小するための政策努力が必要となりますが、その努力が遅れたり不十分だったりした場合、ファイナンスが滞り、赤字国はいわゆる「**経常収支危機**」に陥ります。

「調整」とは何か

経常収支危機は、赤字がファイナンスできないことによって起こります。世界中のどこかの国で、毎年このような危機が何件か起こっています。その国の国民にとっては大問題ですが、ほとんどの場合、国際金融システム全体を揺るがすような（すなわち、本書で扱うような）大きな危機にはなりませんので、個別ケースごとに国際機関や友好国政府、関係する民間企業・金融機関等で対応しています。

対応策としては、投資家からより多くの資金を出してもらうか、経常赤字自体を小さくして穴埋めに必要な資金を小さくするか、それらの組み合わせか――この三つです。とはいっても、無条件に追加資金を出す投資家は、そうはいないですから、いずれにせよ赤字額の縮小が不可欠となるでしょう。そのための政策努力を「**調整**」と呼びます。

経常赤字を減らすためには、例えば緊縮政策（金利引き上げや財政支出削減）によって国内景気を減速させて輸入を減らすことが考えられます。あるいは規制緩和等で国内産業の投資を盛んにして競争力を高め、輸出を増やすこともあり得ます。為替レートの変更も調整の一つです。本来、調整は危機になる前に行われるのが望ましいですが、緊縮政策にせよ構造改革にせよ、国内的には痛みを伴いますので、政府はできるだけ避けようとします。が、先延ばしするほど、後になってより大きな調整を強いられるのが通例です。

米国の経常赤字

米国は長期間にわたり経常赤字を計上しており、しかもその赤字額は世界最大です。ＩＭＦによれば２０２０年の米国の経常赤字は約６２００億ドルで、世界第2位の英国の赤字額（約７３０億ドル）の８・５倍という驚くべきレベルです。なぜ米国は経常収支危機にならないのでしょうか？

米国が危機的な状況になったことも過去になかったわけではありません。ただ、米国は世界最大の経済国であり、ドルは世界経済の中心にある基軸通貨ですから、いくら米国に経常赤字が累積しても、常に喜んで融資や投資をする（ドル資産を購入する）海外投資家がいます。投資家が信認を失わない以上、借り入れにより円滑に赤字をファイナンスできるので、調整の努力を迫られることがほとんどない、というわけです。

なお、米国は近年、貿易赤字を縮小する目的で、一方的に中国からの輸入品への関税を引き上げました。この一方的措置はすでに世界貿易機関（WTO）のパネルによってWTOルール違反と判定されていますが、それはともかく、そもそも中国からの輸入品に高関税をかけることは貿易赤字の縮小に効果があるのでしょうか？　仮に高関税の対象となる輸入品が米国内で製造できなければ、輸入元が中国から例えばベトナム等へ移るだけですので、米国の貿易赤字の全体額は変化しません。また、もし中国が当面唯一の供給元であれば、単純に輸入品の価格が上昇して国民に負担を負わせる結果となります。本当に対中国の貿易赤字を減らしたいのであれば、対象となる製品を国内で生産できるように企業に対して優遇措置を与えるとか、その製品への国内需要を減らす政策を採る、といった措置が必要になりますが、そこまでやる気がないのであれば、貿易赤字にはほとんど影響しない政治的なポーズにすぎないと言えます。
国際収支の仕組みを確認しましたので、いよいよ100年間の国際金融危機の歴史を眺めていきましょう。

コラム　日本はこれからも経常収支黒字ですか？

日本は過去何十年も経常収支黒字国です。貿易立国といったスローガンもありましたので、ずっと貿易黒字を出し続けていると思ってしまいそうですが、現実は異なります。たしかにかつては財（モノ）の貿易が黒字を稼ぎ出していましたし、それが日米貿易摩擦の原因となっていました。しかし、現地生産が進んだことや、日本企業がいくつかの分野で競争力を失ったこと等もあって、貿易黒字は徐々に縮小し、**2011年の東日本大震災以降、貿易収支は赤字ないし無視できる程度の黒字しかありません。**

他方、**日本が過去の貿易黒字を積み上げた巨額の対外資産からのリターン**（第一次所得収支）**は、着実に増えており、現在は海外子会社からの配当が第一次所得収支の**

半分を占めます。つまり、**日本はモノを売って稼ぐ国から、投資収益で稼ぐ国に変わったのです。**トランプ政権の際に、米国が日本の経常黒字を問題視し「もっと輸入を増やせ」と言ったことがありますが、日本側は困惑して、日本の経常黒字は、米国で工場を作って雇用を増やした結果である、というような反論をしたはずです。

日本は今後も経常収支黒字国であり続けるのでしょうか？　それは、貿易赤字がどのくらい増加するかによるでしょう。例えば、地球温暖化対策の国際公約の下で、再生エネルギーの国内生産が思うように伸びず、海外から高額のエネルギー輸入を強いられたような場合、投資収益を上回る貿易赤字が継続する可能性があります。経常赤字が長期化すると、いずれかの時点で調整（引締め）政策を採らざるを得なくなると考えておくべきです。

第1の危機　なぜ史上最悪の危機は起きたのか？
――金本位制、大恐慌、ドイツを巡る資金の流れ

放置されて失敗に終わった危機

ちょうど100年前の1920年代は、第一次世界大戦の余波で欧州諸国が苦しむ中、米国が繁栄を享受して株式バブルへと突き進んだ時代でした。そしてバブルが崩壊した後の1930年代は、大恐慌と戦争に象徴される、世界史上最悪の悲劇的な時代となりました。後世から振り返ってみると、大小様々な困難は一つの大きな危機を形作るパーツであり、危機はどんどん拡大して、経済・金融から政治・軍事に至る複合危機となって、ついに世界は第二次世界大戦へと突入します。その意味で、**第一の危機は、放置されて失敗に終わった危機でした。第二次世界大戦後、現在に至るまで、このような失敗を繰り返さないことが、国際社会の共通認識となっています。**

国際金融の観点から見ると、危機の原因は、大きく以下の三つにまとめられます。

（1）国際金融システムを支える制度が硬直的だった

（2）米国から欧州に向かう資金の流れが逆流した

（3）各国が自国第一主義に立って、国際的リーダーが不在だった

「金本位制」とは何だったのか

まず、当時の国際金融制度の基盤であった金本位制の仕組みを見ていきましょう。

19世紀の金本位制は、金貨を発行・流通させる代わりに紙幣（兌《だ》換《かん》紙幣と呼ばれます）**を発行し、その紙幣と金との交換を約束するものです。**紙幣を保有するすべての人が金との交換を求めるわけではないので、紙幣の発行量は必ずしも金の保有量と完全に一致しなくてもよいのですが、例えば米国では発行紙幣量の最低40％をカバーする量の金の保有が法律で義務付けられていました[1]。従って、個々の国の通貨発行量は金の保有量の増減に影響され、究極的には、世界中の金の産出量の増加と、世界全体の通貨発行量の増加が連動することになります。金本位制下では通貨発行量が無規律に拡大することはないので、ハイパーインフレーション等は起こりにくい反面、成長の可能性がある分野に十分な通貨が供給

（1）1910年時点での実際のカバー率は、英国44％、ドイツ47％、フランス71％、ベルギー38％、オランダ54％、スイス68％、ロシア78％、オーストリア＝ハンガリー71％等（Arthur Bloomfield, "Monetary Policy Under the International Gold Standard: 1880-1914"）。

されるとは限らないため、成長力が抑制される側面があります。

金本位制を採る国の間では、金を媒介にして為替レートが固定されています。例えば、1ポンドは純金113グレーン（1グレーン＝1／480トロイオンス＝約64・8ミリグラム）、1ドルは23・22グレーンと定義されていたので、為替レートは1ポンド＝4・86ドルとなります。事実上、金本位制は主要国間に単一通貨があるのと同じため、基本的に為替リスクは極小化され、国境を越えた貿易や投資が促進されました。実際、第一次世界大戦前夜の1914年時点で、貿易が世界経済全体に占める割合は21％であり、ブロック経済化が進んだ第二次世界大戦前夜（1938年）の9％に比べると、いかに国同士の相互依存が進んでいたか分かります。もちろん、そのように相互依存の進んだ国家間でも戦争が起こったことも事実です。

金本位制の理論では貿易収支の不均衡は自動的に調整されると考えられました。[2] むしろ、**赤字国における恐慌や倒産・失業、それによる労働者の惨状は、輸出競争力を回復するために必要かつ望ましいプロセスである、というのがその時代の常識であったと言えます。**英国では1918年の改革まで男性の一部とすべての女性に選挙権がありませんでしたので、弱い立場の人々の声が政治に十分反映されなかったことも、こうした非人間的なプロセスが維持される一因となったのかもしれません。

停止した金本位制の「戻り方」

金は、国家にとって最後の決済手段ですから、危機時に軽々と手放すわけにはいきません。第一次世界大戦勃発とともに、各国が金の流出を禁止し、金本位制を停止したのは当然です。では、「総力戦」を経て国民全体の国家への貢献を重視する風潮となった戦後に、硬直的で非人間的な金本位制ではなく、新しいシステムを作っていこうという気運は盛り上がったのでしょうか？

残念ながら、そうではありませんでした。終戦とともに、各国は金本位制への復帰を考え始めます。当時の感覚では、金本位制が常態であって、戦時に一時的に停止したのだから、終戦後はまた常態に戻るのが当たり前ということだったのだと思います。しかし、多くの国では戦争中にインフレが進んでおり、通貨の実質的価値は戦前から相当目減りしていますから、**問題は戻り方**です。

英国を例にとると、当時の正統派の議論は、英国の威信にかけて旧平価（以前の金価格。

（2）赤字国が輸入決済のために保有する金を用いると金が流出し、国内の通貨流通量が連動して減少するので、赤字国の国内がデフレとなって物価や賃金が下がるため、結果として輸出品が安くなって輸出が増えていくだろうという理屈です。

実質的には、（ポンドの為替レートを示す）で金本位制に復帰すべきであり、そのためにインフレ退治が不可欠だから、健全な金融政策（引き締め）を採って国内不況を甘受し物価を引き下げるべきだ、というものでした。ボールドウィン内閣の蔵相チャーチルが、この政策を推進しました。インフレで地代収入や投資収益が実質的に目減りした貴族・富裕階級の利益を図る意図もあったのかもしれません。

一方、新進気鋭の経済学者ケインズは、現状の実力相応にポンドを切り下げ、戦前よりもポンド安の形で金本位制に復帰すべきだと主張します。特に米ドルとの関係を見ると、米国のインフレ率の方が英国よりも低かった（すなわち、ポンドの実質的価値が対ドルで目減りしていた）ので、ケインズは、10％程度低い金価格（すなわちポンドの10％切り下げ）で金本位制に復帰すべきだと論じました。正統派の主張するような金融引き締め政策で一般的物価水準を10％程度引き下げるとすると、それは失業の増加をもたらすので社会正義に反する、とも主張しました。

英国の「離脱」

ケインズの反対にもかかわらず、1925年に英国は旧平価で金本位制に復帰し、案の定ポンド高からくる競争力の低下と為替レート維持のための高金利に苦しむことになり

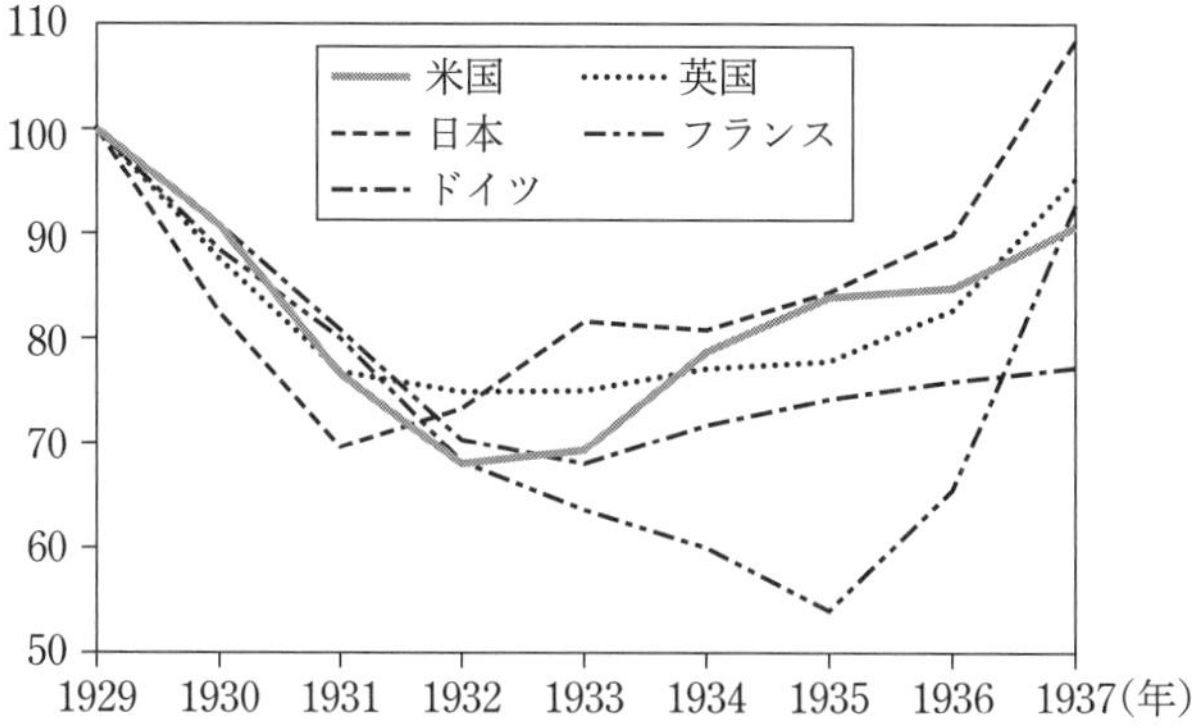

主要国の卸売物価指数（1929年＝100、出典：国際連盟）

ます。各国でも、金本位制復帰後は固定為替レートの維持が金融政策の大目標となりますので、国内経済の動向にかかわらず、厳しい引き締めが行われることも珍しくありませんでした。

大恐慌の影響で失業率が15％程度まで上昇し、欧州大陸の銀行危機によって金が流出した1931年、英国はついに金本位制を離脱します。同様に、米国はルーズベルト大統領就任直後の1933年3月に金本位制を停止し、1928年に戦前よりフラン安のレートで金本位制に復帰したフランスも1936年には離脱しました。なお、日本は1930年に旧平価で金本位制に復帰（いわゆる金解禁）しましたが、大恐慌の嵐の中で窓を開けたようなものであり、翌1931年に金本位制を再停止しました。各国では金本位制からの離脱に応じて、ようやくデフレーションが終息し、物価が上昇していきます。

金本位制は硬直的な制度ですから、平時における安定的な経済環境には適しているかもしれませんが、ショックに対して柔軟に対応することはできませんでした。戦後復興や、大きなバブルとその崩壊という経済の激動を、金本位制という制約の中に押し込もうとしても無理な相談でした。**各国は、戦前の常態に戻ろうとして、国民に多大の犠牲を強制したのみならず、かえって経済基盤に自らダメージを与え、それをリカバーすべく自国の利益を優先する利己的行動に陥って、国際金融システムの崩壊に加担していきました。**

ドイツ賠償金問題

戦争が終わると、敗戦国が戦勝国に対して賠償金を支払うのが当時の常識でした。1904〜1905年の日露戦争の際に、日本側が賠償金を獲得できなかったことを知った国民が、怒って暴徒化したことはよく知られています（日比谷焼き打ち事件）。

第一次世界大戦がドイツの敗北で終結すると、国境を接するフランスは、将来の脅威を低減するためにも多額の賠償金を主張し、総選挙を控えて国内の強硬論に目配りする必要があった英国も同調します。米国のウィルソン大統領は当初、懲罰的な賠償に反対の立場を表明していましたが、英仏が「多額の賠償を得ないと米国から借りている戦時債務の返済ができない」と主張したため、英仏の立場を容認していきます。ウィルソン大統領自身が、ヴェルサイユ講和会議期間中にいわゆるスペイン風邪に感染して、指導力を発揮できなかった事情もあるのかもしれません。結局1921年に、ドイツが1320億金マルク[3]を37年間分割して外貨で支払うことで決着しました。

これに対し、英国代表団の一員で英大蔵省の若き職員であったケインズは、怒りのあまり講和会議の途中で帰国して、著書（邦訳『平和の経済的帰結』）で賠償金問題を激しく批判します。ケインズの主張は、ドイツが外貨で賠償金を支払うためには十分な貿易黒字を確保して海外から外貨を獲得する必要があるが、すでに賠償の物納によって炭鉱をフランスに割譲し、商船や工場・鉄道施設等も戦勝国側に引き渡している以上、工業製品を輸出して黒字を獲得する能力はドイツに残っていない、という現実的なものでした。しかも工業製品の輸出は、英国の製品と直接競合しますので、ドイツが大きな貿易黒字を出すことは、英国が輸出市場で敗れることを意味しています。もし輸出拡大に限界があるなら、輸

（3）1320億金マルクは、当時の為替レートで330億ドルにあたり、その後の米国のインフレ率をもとに計算すると、現在の価値で約5000億ドルとなります。なお、主要国の経済規模を長期にわたり推計しているマディソンプロジェクトによれば、1919年当時のドイツのGDPは現在の約3000億ドル程度と試算されますので、賠償金額はGDPの約1・67倍となります（Maddison Historical Statistics）。

入を減らせばいいと考えるかもしれません。しかし、戦前には貿易赤字国であったドイツが、輸入を削って黒字を絞り出すために国内経済を引き締めても、相当な食糧難と社会不安をもたらすだけです。従って、物納分を含め100億ドルを上限に賠償金を大幅に減額する必要があり、賠償金減額の障害となっている戦勝国間の戦時債務を帳消しにする一方、ドイツに対して当面の経済復興のため借款（ローン）を供与すべきだ、と主張しました。

戦時債務のキャンセルで損をするのは誰でしょうか？　もちろん、連合国に戦費を貸し付けて最大の債権国となっていた米国です。当然、米国は一貫して戦時債務のキャンセルに強く反対し続けます。英国も債権国ですが、ケインズは、どうせロシアに対する債権は回収の見込みがないのだから、思い切ってすべての債権をキャンセルすべきと述べます。米国に対する英国の債務もキャンセルになれば、差し引きでそれほど大きな負担にならないと考えたのかもしれません。

ドイツを襲った「悪夢」

いずれにせよ、ケインズの著書は大ベストセラーとなり、彼は多額の印税収入を得ます。ケインズは金持ちになりましたが、その素材を提供したドイツは悲惨な状況となりました。ケインズの予想通り賠償金支払いが困難となったドイツは、1922年に支払いの一次猶予を求めますが、新たに成立したフランスのポアンカレ政権は強硬な立場をとってベルギーと協調し、ついに1923年から工業地帯ルール地方を占領するに至ります。これに対しドイツ国内では強い反発が起こり、ルール地方ではゼネストが起こります。中央銀行のライヒスバンクは労働者への支払いを行うために紙幣の増刷に踏み切り、インフレのタガが外れてしまいました。1923年春頃からインフレは激しく上昇していき、ピークの10月には1ヵ月の物価上昇率が3万%に達しました。商品の価格は一日の間にどんどん上昇し、喫茶店で1杯5000マルクのコーヒーをお代わりしたら2杯目の値段は8000マルクだったという話が残っています。パンの値段は10ヵ月ほどの間に8億倍となり、買い物に行く際はカゴいっぱいの紙幣を運び、燃料の代わりに紙幣を燃やした方が安いという状況でした。マルクは通貨としての価値を失い、1922年初に1ドル＝160マルクだった為替レートは、1923年11月に1ドル＝4・2兆マルクとなりました。

貯蓄や年金は無価値となり、債権者は大損します。この悪夢に、国民は連合国への怨みを強め、極右が勢力を拡大しました。バイエルン州の地方政党だったナチスは、ヒトラーの指導の下1923年11月にミュンヘンでクーデターを起こして失敗しますが、全国で知名度を高め、後の躍進の契機となります。

借金に頼る脆弱な体質に

さすがに戦勝国側も現実的になり、1924年のいわゆる「**ドーズ案**[4]」によりドイツに課せられた賠償金が減額されるとともに、ドイツに対して借款が供与されました。それにより、**(1)米国からドイツへの貸し出し、(2)ドイツから英仏への賠償金支払い、(3)英仏から米国への戦時債務の返済、という資金の流れが確立されました。**新通貨の導入でドイツのハイパーインフレーションは急速に終息していき、経済活動も再開しました。もっとも、借り入れが容易となったドイツは、借金に頼る脆弱な体質になっていきました。1925～1930年に借り入れたおよそ280億マルクのうち約半分が3年未満の短期債務であり、そのうち100億マルクほどしか賠償支払いに回らなかったと試算されています。その意味するところは、賠償支払いの有無にかかわらず、ドイツは短期の対外借り入れに過度に依存するようになったということであり、資金流入が減少するようなことがあれば、債務返済はもちろん、経済活動自体が回らなくなるリスクが高かったということです。

多額の賠償金によって、戦勝国は国際的な資金の流れを再構築することを目指しましたが、その過程でドイツ経済は崩壊し、米国からの借款や投資資金によってようやく資金の流れを確立しても、流れが止まるや否や経済は再度混乱します。ドイツでは国民の不満は極右やナチスの人気につながってしまいました。

資金の流れの中断

米国→ドイツ→英仏→米国という資金の流れに基づいた、世界経済の一時の安定は長続きしませんでした。米国の投資家が、ドイツに投資する以上に有利な投資対象を見つけたからです。

ニューヨーク株式市場は、1927年に38％上昇した後、1928年には44％上昇します。1928年の上昇は配当の増配と乖離《かいり》しており、バブルの域に達したと言って良いでしょう。市場の行き過ぎを恐れて1928年初めからニューヨーク連銀は金利を引き上げており、米国の投資家は、株式であれ金融商品であれ、国内に資金を向け始めます。その結果、米国から海外への資金流出が1928年第2四半期の5億3千万ドルか

（4）米国の銀行家チャールズ・ドーズを委員長とする国際委員会が提案した、ドイツの賠償金負担軽減案。

ら第3四半期の1億2千万ドルへと激減しました。ドイツへの貸し付けは、第2四半期の1億5千万ドル以上から第3四半期にはほぼゼロになったと言われます。こうして、**海外からの資金流入に依存していた欧州経済**（特にドイツ）**への米国からの資金が突然干上がります**（サドンストップ）。

最大の銀行に始まる金融危機

オーストリアでは大きな企業グループに属する銀行が金融セクターを牛耳っていましたが、1929年に政府の肝入りでそのいくつかが、最大の銀行であった「**クレジットアンシュタルト**」に救済合併されました。**同行は、資金調達の35〜40％を海外からの資金流入に頼っていたため、1928年以降の資金流入の減少と、大恐慌による企業グループの業績悪化から損失が拡大し、ついに1931年5月に破綻します。**オーストリア政府は同行の債務を保証すると宣言しますが、当時のオーストリア政府の歳出額が約18億シリングであるのに、同行の負債は12億シリングに上ったと言われますので、保証の実行可能性はほとんど絵に描いた餅に過ぎず、単に政府の財政と銀行の命運を一蓮托生に結び付けたのみでした。

政府の支援能力に懐疑的な預金者は、預金を引き出して金に交換したため、金準備が減少し、10月には通貨と金の交換が制限されます。また、クレジットアンシュタルトに債権を有する他の銀行に対しても、取り付け騒ぎ（預金の流出）が起こりました。主要国の中央銀行はオーストリア中央銀行に資金を融資しますが、それが枯渇した後にはフランスが追加融資に反対する等、協調体制は脆弱でした。

金融危機は国境を越え、隣国ドイツでも国民が預金引き出しに走り、銀行危機が発生しました。国民は通貨（ライヒスマルク）を金に交換したので、1931年5月末時点の金準備の半分以上が6月半ばには失われてしまいました。ドイツ政府は、銀行セクターを支援する財政余力を維持すべく危機の最中に財政を引き締めますが、恐慌が悪化して失業者が街にあふれるのみで、銀行危機は収束しません。

フーヴァー米大統領は、ドイツ→英仏→米国の資金の流れを1年間停止する提案を行い各国の同意を得ますが、本当に必要なのは現在の資金の流れを止めることではなく、金準備を急速に失っているドイツに対して新規の融資を行うことでした。しかしフランスは融資に政治条件(5)を付けようとし、英米は新規融資自体に賛成しません。

（5）ドイツとオーストリアが関税同盟を作る提案の撤回や、巡洋艦建造の中止等の条件を付けたフランスに対し、ドイツはそれを拒否します。

欧州諸国は、自国の金準備を強化するため、保有するポンドを金に交換します。また、オーストリアやドイツへの投資の多い英国に危機が及ぶのを懸念して、民間投資家もポンドを敬遠したため、イングランド銀行は金流出を避けようと金利を引き上げますが、そうすると他国も固定相場制維持のために利上げに追随せざるを得なくなります。その結果、金融引き締めが連鎖し、危機の最中にデフレ圧力を高めていく結果となりました。結局英国は9月に金本位制を停止し、その後のポンド暴落を放置します。

問題未解決のまま第二次世界大戦へ

米国からの資金流入が激減し、銀行危機の波及で金が流出した結果、ドイツはいわゆる「ヤング案」(6)（1929年）で確定していた賠償金の支払いを停止します。**戦勝国側は、1932年にドイツの賠償責任をキャンセルし、各国はドイツからあと1回だけの支払いを受けることで一応合意します**（ローザンヌ協定）。米国→ドイツ→英仏→米国という流れの最初の矢印が消えてしまったので、その次である第二の矢印が消えるのもやむを得ない、と受け入れたわけです。しかし米国は、ドイツの賠償支払いがなくなっても英仏から米国への戦時債務返済のキャンセルは認めないとしました。前の矢印が全部消えても、最後の英仏→米国の矢印だけは維持しろ、と主張したことになります。英仏にしてみれば、

「どこから資金を持ってくればいいのか？」という話ですから、当然納得するわけにはいきません。その間ドイツでは１９３３年にヒトラー政権が成立して、以後の対外支払いを拒否しますので、結局ドイツの賠償金問題と米国の戦時債権の問題はうやむやなまま第二次世界大戦に突入することになりました。[7]

１９２０年代後半の資金の流れは、米国→ドイツの借款（貸し付け）**を起点としていましたが、それが途絶えた段階でドイツが資金繰り**（ファイナンシング）**の危機に陥るのは不可避でした。そして、それは、英仏の資金繰りの危機へと連鎖していきます。**そもそも、気まぐれな民間投資家からの投資資金に頼った国際金融秩序は、サドンストップに対して脆弱で、潜在的に大きなリスクを抱えていたのです。

ブロック経済化

危機の際には、政府は自国優先の政策を採りがちです。それはある程度やむを得ないものの、各国が揃って自国第一主義に走ると、世界経済は全体として停滞していきます。

（６）米国の財界人オーウェン・ヤングを委員長とする国際委員会による提案で、ドイツの賠償金負担を軽減し、その残高を確定しました。
（７）東西ドイツの統一を受け、ドイツ政府は賠償金関係の対外債務を２０１０年に完済しました。

大恐慌の影響で国際貿易は激減しましたが、それに加えて、英米等は意図的に域外からの輸入を減らそうとしました。米国はスムート・ホーリー法（1930年）で関税を引き上げましたし、英国は1932年のオタワ会議で英連邦の内部に特恵関税を設けることとしました。なるべく外国にはお金を渡さずに、必要なものは自国や関係国で作るブロックの中で自給自足していこうという考えです。フランスも貿易赤字を避けるために、多くの商品を輸入禁止としました。一方、金本位制を停止して固定相場制から脱した国々は、競争的に為替レートを引き下げ、あるいは下落を放置していきます。それにより他国に比べて低価格での輸出を目指したもので、こうした為替引き下げ競争は一般的に「近隣窮乏化政策」と呼ばれます。

1931年のドイツやオーストリアへの融資が失敗したことや、1933年の世界経済会議開催中にルーズベルト米大統領が為替安定への協力を拒否したことに典型的に現われているように、経済恐慌や金融危機の渦中に、国際金融システムを円滑に機能させるためのリーダーが不在であったことが、危機にブレーキを掛けられなかった大きな理由です。

危機の残したもの

1929年の株式市場暴落だけでなく、その前後20年ほどに世界中で頻発した危機を、全体として**国際金融史上最悪の危機**と呼ぶことへの異論はないと思います。戦間期の出来事のすべてが国際金融上の問題から発生したわけではありませんが、大小様々な問題が国際金融システムの機能不全によって増幅されてしまったことで、壊滅的な戦争に向かう不可逆的な流れが強まっていったと言えます。国際金融システムの機能を取り戻すために、二度目の世界大戦を経なければならなかったとは、悲劇以外の何物でもありません。

国際的な資金の流れが途絶する中、厳格な固定相場を維持し、かつ戦時債務や賠償金支払いのためにデフレ政策（調整）を遂行する欧州と、巨額の貿易黒字を背景として国際的な資金の出し手の地位につきながら、株式バブル崩壊後は国際協調に背を向けた米国の双方が、この危機の責めを負うべきでしょう。危機が最も先鋭化したドイツでは、わずか10年の間にハイパーインフレーション、デフレ政策、脆弱な短期借入依存、銀行危機、そして恐慌下の大量失業を経験した結果、既存の政治家が信頼を失い、国民は1932年7月の選挙でナチスを第一党にしてしまいました。その破滅的な結末は、言及するまでもありません。

戦間期の国際金融危機は、その後の危機の重要な論点を先取りしています。

（1）固定相場制（金本位制もその一種）**の硬直性と脆弱性が明らかになりました。**固定相場制は、変動相場制と異なり、各国の経済パフォーマンス（インフレ、貿易収支、資金の流出入）の違いをタイムリーに為替レートに反映できません。ショックが起こった際に、外貨準備（金や有力国の通貨）の流出を避けるため、金融を引き締めて国内経済の苦境を一層悪化させることは、その後何度も繰り返されます。さらに、結局為替レートの下落を容認したとしても、外貨建て債務の実質的な負担が高まるので（自国通貨に換算すると、債務負担が大きくなってしまう）、問題解決とは言い切れません。

（2）サドンストップは海外からの資金を突然干上がらせ、経済活動に打撃を与えます。特に銀行セクターが海外からの資金流入に依存している場合には、急速に資金繰りが悪化して金融危機となりがちです。預金者・債権者や取引のある金融機関は、問題の銀行のみならず、その取引先の健全性にもリスクを感じるため、銀行危機は国内外の金融機関に波及します。当局による金融機関の救済は不人気となりがちですし、救済によって国家財政への信認が低下してしまうこともあります。

（3）大恐慌の時期、多くの一次産品の価格が低下しましたので、それらの輸出国は収入が減って借り入れの返済に苦しむことになりました。戦後、発展途上国の多くが一次産品の輸出を開発戦略の中心に据えましたが、一次産品価格の下落に見舞われると経常赤字が拡大して、やはり債務問題に苦しむことになりました。

（4）本来健全な銀行であったとしても、預金の流出が継続していくと、いつかは破綻してしまいます。国内であれば中央銀行が最後の貸し手として流動性を供給して、市場が落ち着くのを待ちますが、大恐慌の時代には国際的にそのような行動をとる存在はありませんでした。むしろ、ドイツやオーストリアの銀行危機の際に見られるように、国際的な最後の貸し手の不在が大恐慌の原因だとする見方が信じられています。第二次世界大戦後は、国際的な資金の流れを維持する必要性が認識され、ＩＭＦを中心とする国際協調がその役割を果たすことが期待されましたが、常に満足いく結果となっているわけではありません。

金本位制と聞くと、文字通り前世紀の遺物という印象があります。ごく一部の人を除いて、金本位制を復活すべきと考えている人はいないでしょう。しかし、それは金本位制下の危機から学ぶものがないということではありません。むしろ、**現代にまで続く為替レートの安定性と柔軟性のバランス、為替や国際収支を優先する国内調整の在り方、銀行の資金調達構造と健全性、サドンストップへの対応、国際協調の重要性等の論点は、すでに１００年前から存在していました。**これらの論点への対応を誤って大恐慌と世界大戦をもたらした反省から、戦後の国際金融システムの試行錯誤が始まっているのです。

コラム　あなたの国の経済的トラウマは何？

一人ひとりに嫌な思い出があるように、国民全体としても二度と繰り返したくない過去があるようです。それが共有された記憶となって、現在に至るまで長く国民の思考の基盤となっているのではないでしょうか。

ドイツの場合、最大の経済的トラウマは第一次世界大戦後のハイパーインフレーションでしょう。ハイパーインフレーションの混乱に加え、それが最終的にヒトラー政権誕生に至る10年間の幕開けとなったという記憶が、強烈な恐怖心となって集団心理に埋め込まれたのかもしれません。

第二次世界大戦後、西ドイツそして統一後のドイツの中央銀行となったブンデスバンクは、主要国の中でも最も独立性が高く、インフレに対して極めてタカ派的な姿勢を採り続けますが、そうしたブンデスバンクの姿勢は国民から強く支持されていました。

ユーロ導入の際も、インフレが抑制される保証がなければ、ドイツはユーロへの参加を拒否したでしょう。そのためＥＣＢ（欧州中央銀行）は、物価の安定を第一義的な政策目標として発足し、「物価安定に反しない限りにおいて」、完全雇用や均衡ある経済成長の実現といったEUの経済政策目標を支援することとしています。ただし、最近はECBにも、物価上昇を一時的に容認するようなハト派的な姿勢が見られるようになり、ブンデスバンクとの対立が目立っています。

他方米国では、大恐慌とデフレが国民のトラウマになっています。従って、経済成長と雇用の確保が国民の最大の関心事です。米国の政治家は、政策を売り込む際に「これによって○○人の雇用を創出する」と言うことが普通ですが、ドイツの政治家がそういう言い方をするのを寡聞にして聞いたことがありません。

それを受けて、FRBの任務は「物価の安定」と「維持可能な最大規模の雇用」の2本立てとなっており、両者間に優劣はありません。

このように、ドイツと米国では恐れるものが微妙にすれ違います。例えば米国は、景気停滞期にある国に対して景気刺激的な政策を採るよう求めることが多々あります。他方ドイツでは、多少失業者が増えたとしても、社会保障のシステムがありますし、下手に景気刺激策を出し入れするよりは安定的に経済運営を行うことを好むように見えます。米国とドイツ（及び一部の欧州諸国）との議論が嚙み合わないことがあるのは、こうした歴史的要因も寄与していると思われます。

日本はどうでしょうか？　国民はどちらかといえば米国のように成長を重視するように見えます。高度成長期やバブル期を経て、そうした高成長の時代が本来の姿であり、不景気は例外だから早く高成長に戻りたい、という感覚があるのかもしれません。また、集団心理としてのトラウマは、円高です。現実には円高は国民の購買力を上昇させるので、必ずしも悪いことばかりではないはずですが、プラザ合意以後の円高不況で多くの企業が苦しんだこともあり、現在でも円高進行には本能的恐怖感があるようです。

第2の危機　なぜブレトンウッズ体制は崩壊したのか？
——固定相場制、ドルの垂れ流し、ニクソンショック

新しい国際金融システムをつくる

国際金融システムの機能不全が大恐慌と第二次世界大戦につながったとの反省に立ち、新しい国際金融システムについての議論が、すでに戦争中から、連合国側の中心をなす英米で開始されました。ただし、英国と米国の間には、それぞれの置かれた状況に従い、大きな意見の相違がありました。

概ね米国の主張に沿って構築されたブレトンウッズ体制は、戦後復興、旧植民地の独立、日本をはじめとするいくつかの国の高度成長、といった世界経済の激動を支えました。他方で、**（1）英国の破産の回避、（2）各国が貿易決済に用いるドルの不足、（3）ドルが過剰に供給されたことによる信認の低下**、という三つの課題に次々に直面しました。世界の金融・経済秩序の比類なき存在となった**米国は、（1）の課題に対しては一定の支援を行い、（2）の課題に対してはリーダーシップを発揮して対応しましたが、（3）の課題はほぼ放置します。米国自身の政治的優先順位が優先されたからです。（3）の課**

題は危機へと転化し、結果的にブレトンウッズ体制は、体制の生みの親である米国自身の手によって、1971年8月に一方的に葬られました（ニクソンショック）。米国以外には、体制に内在する矛盾を体制の破壊によって「解決」する自由を持った国はありませんでした。

ブレトンウッズ体制崩壊に至る危機は、（1）固定相場制という硬直的な制度の下で金融自由化を行うリスク、（2）基軸通貨の役割を一国の通貨が担うのは適切か、（3）経常赤字国と黒字国のどちらが不均衡調整の責任を負うか、といった、その後にも継続的に議論される問題を未解決のまま残してしまいました。また、国際金融システムにおける絶大な地位を享受していた米国は、その後、一方的な行動への衝動を抑えて、徐々に国際協調的な行動を採る場面が見られました。

英米の対立

まず、ブレトンウッズ会議の背景である英米の対立について見ていきましょう。

現在、英米間の関係は、両国のリーダーやマスコミによって「特別な関係（スペシャルリレーションシップ）」と呼ばれています。言語や文化の類似性に加え、経済や軍事面でも緊密な関係を築いていますし、政治的にも国際会議等では、往々にして席が隣であるのをよいことに、ここそこそ相談して互いの主張を支持し合ったりします。[8] EUから離脱した英国が、今後ますます米国に接近しようとするのは想像に難くありません。そうした現在では想像しにくいのですが、第二次世界大戦当時、英米の主張はよく衝突していました。いったい、なぜでしょうか?

まず歴史的経緯が指摘できます。もともと英国の王権や宗教からの解放を求めて新大陸に移住し、独立を勝ち取った意識のある米国人にとって、英国に対する思いが複雑なのは当然です。イデオロギー的にも、そもそも反植民地主義・反帝国主義を標榜する米国と、依然として世界中に植民地を持ち帝国主義を体現する当時の英国は、水と油と言って良いでしょう。さらに言えば、米国は世界の新たなリーダーとして勃興しているところであり、旧リーダーの英国との間で陰に陽に覇権争いをしていたのも事実です。

しかし、第二次世界大戦末期の英米を考えると、それぞれの置かれた経済的な事情が、意見対立の最大の理由と思われます。

米国が理想とするのは、やがて戦勝国となるであろう連合国が協調を維持して、ブロッ

(8) 席次がアルファベット順の場合、英国(The United Kingdom)と米国(The United States)が隣り合わせになることが多いのです。

ク経済を終了させ、自由貿易に基づき、市場での競争を基本とするシステムでした。しかし英国は、それでは困るのでした。英国は、第一次世界大戦ですでにその経済力に大きな打撃を受けており、第二次世界大戦中は米国からの「レンドリース」と呼ばれる借款に完全に依存していましたし、戦後も米国からの借り入れが生命線であり続けるのは明らかでした。さらに、ブロック経済の仲間である英連邦諸国との取引は英ポンドで決済されていましたが、ポンドの価値が明らかに低下している状況でも英連邦諸国はそのポンドを保持していました。しかし戦後になると、ポンドからハードカレンシー（米ドル）や金への交換要求が出ることが明らかに予想されます。戦時中に外貨準備の枯渇した英国は、その瞬間に破産するでしょう。従って、英国としては、英連邦との間に優先的な経済関係を維持しながら、英連邦諸国が保有するポンドを時間をかけて処理する必要がありました。

　換言すれば、**英国が目指すのは、米国の嫌う植民地体制とブロック経済を維持して、米国の求める自由貿易を避ける一方、ポンドが自由にドルや金貨に交換されず、かといってポンドの持つ決済通貨の地位は失わないまま、借款や投資を通じて戦後も米国から継続的に資金を導入する、という状況です。**米国が「良いとこ取り」と反発したのも当然でしょう。

129号室のドアにつけられた、ケインズが宿泊したことを示すプレート（著者撮影）

ブレトンウッズ会議

連合軍がノルマンディー上陸を果たした1944年6月から1ヵ月後、米国ニューハンプシャー州の山間のリゾート地ブレトンウッズにあるマウントワシントンホテルで、44ヵ国が参加して戦後の国際金融システムの在り方を議論する国際会議が開かれました。この豪華ホテルは、ボストンから約260キロ、現在は車で約3時間の距離にあります。当時は北東部の富裕層が、汽車等を使って避暑に訪れたようです。今でも往時の姿を保って営業しており、客室のドアには、ブレトンウッズ会議の際、どの国の代表団の誰がその部屋に宿泊したかを示すプレートが打ち付けてあります。

会議は、英米が議論を主導しました。英国の代表団長はジョン・メイナード・ケインズ、米国代表団は実質的にハリー・デクスター・ホワイトがリードしました。

英国案（ケインズ案）

ケインズが考えたのは、外貨が乏しい国でも輸入ができ、経常赤字国が金本位制下のように厳しい「調整」を課されないシステムでした。

ケインズは、国際収支の不均衡は特別の事態ではなく、各国は年によって赤字になったり黒字になったりするのだから、赤字が円滑にファイナンスされるのが大事だと考えました。各国の貿易を相互に清算する清算同盟を作り、清算の際は「バンコール」という単位を使います。ある国が赤字になったとすると、一定の額まで自動的にバンコールが付与され、赤字国はそれを黒字国に支払うことで貿易を決済します。ちょうど銀行口座の残高不足の時に小切手が不渡りとならないよう、銀行が一定金額まで自動的に貸し付けを行ってくれるようなイメージです。そのおかげで、赤字国は外貨不足であっても、国内の失業増を甘受して輸入を制限する必要がなくなります。国際収支による成長制約がなくなる、というわけです。

もし、ある国が事前に国ごとに定められた一定の金額を越えて赤字になった場合、バンコールの超過額に対して利子の支払いが発生し、さらに為替レートが変更（切り下げ）されます。それでも慢性的に赤字が続く場合、為替切り下げに加えて、バンコールの借り入れに対する利子が上昇し、金の売却等の義務も発生します。そのように段階的なステップを踏んでいるうちに、経常赤字を解消することが期待されたのです。興味深いのは、黒字が慢性的に一定の金額を越えた場合、その国は為替切り上げに加えて、その超過額について利払いの義務が発生するとしたことです。つまり、**国際収支の不均衡は、黒字国・赤字国双方の責任であり、双方の負担で不均衡解消を目指すべき、との考え方です。**

ケインズ案は、赤字国が自動的にファイナンスを受けられる点、厳しい国内調整をしなくて済み、外貨を調達しなくても貿易を継続して成長を図れる点、赤字が拡大したら容易に為替レートを変更できる点等で赤字国に有利な内容です。当時の英国が、当面国際収支の赤字に悩まされると見込まれていたことを考えると、自国の利益も踏まえた提案となっていたわけです。

米国案（ホワイト案）

ホワイトは、為替の安定を通じた自由貿易の促進を目指します。各国は安定化基金に加盟し、赤字国は自己努力で赤字が縮小しなかった場合、基金からの融資を求めることができます。ただし、基金が融資を行うかどうかは基金の裁量に任せられました。融資する場合でも、金額に上限があります。国際的な貿易の決済通貨はドルであり、為替レートの変更は厳しく制限されます。つまり、**赤字国はドルの融資と引き換えに、失業増を伴う国内調整が期待され、黒字国には調整の責任はありません。**

言うまでもなく、ホワイト案は、当面国際収支黒字を継続することが予想された米国の利益に沿ったものとなっていました。

当時の国力の差を反映し、最終合意はホワイト案に近いものになりました。3週間の議論の後、国際通貨基金（IMF）、国際復興開発銀行（IBRD、いわゆる世界銀行）の創設が合意され、国際貿易機関（ITO）創設が原則合意されます。[9] しかしながら、参加44ヵ国の一部であったソ連とその衛星国の東側諸国は、結局ブレトンウッズ合意から抜けることを選びます。

ブレトンウッズ体制の骨格

こうしてブレトンウッズ体制が開始されました。その骨格は以下の2点です。

一つ目は、金・ドル本位制です。第二次世界大戦終盤の各国は十分な金準備を持たなかったので、戦後に金本位制に戻るのは現実的ではありませんでした。そこで各国は、自国の通貨をドルと固定し（固定相場制）、金本位制下で金との交換を保証したように、自国通貨とドルとの交換を約束しました。これを「交換可能性」と言います。そして、世界全体の金準備の約7割を保有していた米国は、1トロイオンス＝35ドルで金とドルの交換を約束していました。すなわち、各国通貨はドルを経由して金との交換が可能であったので、「金・ドル本位制」と呼ばれます。

英国の立場から見ると、この仕組みはどう見えたでしょうか？　まず、第二次世界大戦までは世界の基軸通貨として君臨していたポンドの地位が、単なるローカル通貨になってしまったのは明白でした。これ以降、各国が入手したいのはドルであって、ポンドではありません。しかも、ポンド自身は、交換可能性を満たせません。交換可能にした瞬間に、ドルとの交換を求める要求が殺到してしまうからです。誇り高き大英帝国のプライドが傷ついたことは想像に難くありません。

（9）その後の交渉で合意が得られず、ＩＴＯは創設されないまま暫定的な貿易取り極め（ＧＡＴＴ）が結ばれましたが、その後１９９５年に世界貿易機関（ＷＴＯ）が設立されます。

二つ目の骨格は、経常赤字国の調整責任です。ＩＭＦの加盟国は、経済規模等に応じて一定の数式に基づきＩＭＦへの出資額を割り当てられます。出資額は「クォータ」と呼ばれ、その25％は金によって払い込まれましたので、加盟国は経常赤字になった際に、25％分を上限に外貨（ドル）を自由に引き出すことができました。しかし、クォータの25％分を上回る資金を引き出したい場合、ＩＭＦの了解を得ることが必要となり、金額に応じて段階的に条件が厳しくなります。また引き出した額には、利子を支払います。

つまり、赤字国は、ＩＭＦの勧告する国内政策の調整を行う約束と引き換えに、ＩＭＦから融資を受け取ることになります。こうした政策条件（コンディショナリティー）は借り入れを行う経常赤字国にしか課せられませんので、国際収支不均衡の是正は赤字国の責任と断言されたわけです。

英国の破産をどう回避するか

第二次世界大戦終結直後、英国はほぼ破産状況でした。ポンド保有者に与える影響を考えると、**戦争直後の課題は、どうやって英国の破産を回避するかでした。**

英国は、戦時中にはレンドリースという名の実物支援で、米国から食糧、航空機、車両、船舶等を受け取っていました。その総額は約３００億ドルで、インフレを勘案すると2018年価格で4000億ドル以上にも達します。現在の英国に当てはめると、GDPの約15%にも上る巨額な支援でした。

しかしこの支援は終戦とともに廃止され、それ以降は、当然ながら物資の輸入は代金を支払って即時に決済することになりますが、英国にはそれだけの外貨（ドル）がありません。すでに戦時中から、チャーチル英首相はルーズベルト米大統領にドル借款の供与を懇願していましたが、前向きの返事は得られず、戦後にケインズを代表とする交渉団をワシントンに送ったものの、英国の希望はほとんど相手にされませんでした。米国は厳しい条件を譲らず、結局1946年に、英国がIMF協定を批准することと、1年後にポンドを外貨と自由に交換できるようにすることを条件に37・5億ドルの二国間ローンを供与しました。約束通りポンドは1947年7月15日に交換可能となりますが、瞬時にポンドを外貨に交換する要求が殺到し、外貨が大量に流出したため、8月20日に「交換可能性」を再停止し、1949年9月には為替レートの30%切り下げを余儀なくされました。

その後、**ポンドの危機は何度も繰り返されることになります。**1956年のスエズ危機から1971年のニクソンショックまでの間、英国は1956年、1957年、1958年、1961年、1962年、1963年、1964年、1967年、1969年と毎年のようにIMFからの融資合意を重ねていきます。必ずしも毎回実際に資金を借り出したわけではありませんが、経常収支赤字のファイナンスができなくなる事態に備えた行動です。同時に、国外へのポンド持ち出し規制等の資本規制により資本流出を何とか回避していましたが、それでも1967年には14%の切り下げに追い込まれました。こうして、英国がかつてのように世界中にプレゼンスを持つ大国として振る舞うことは、もはや政治的にも、軍事的にも、経済的にも不可能であることが、白日の下に曝されていきました。ただし、IMFがバックアップしていたのに加え、英国自身の相対的な地位低下もあって、ポンド危機が国際金融システム全体の危機につながることはありませんでした。

こうして、英国にとっては屈辱的なプロセスを経て、英国はグローバル大国からローカルな中くらいの国へと縮んでいきました。米国の支援で終戦直後の破産を免れたのは幸運でしたが、その後は長い時間をかけて資産の切り売りを余儀なくされました。

「ドル不足」という最大の問題

戦後、西側陣営の経済体制は自由貿易を基盤としましたが、海外から商品を輸入するには貿易決済に使われる米ドルが手許にないと話になりません。いったい、ドルをどこから入手すればよいのでしょうか?

終戦直後から1950年代は、まさにドル不足こそが、国際金融システムの直面する

最大の問題でした。米国への輸出でドルを稼ぐと言っても、戦禍から復興しつつある産業が、世界最強の経済国である米国の市場で競争するのは容易ではありません。まして、ドルがなければ、輸出に必要な原材料や部品の輸入すらできません。

では、引き締め政策（調整）で輸入を減らして、黒字を絞り出すべきでしょうか？ しかし終戦直後は各国とも国内での資金需要が高まっています。インフラ等の再建に加え、復員軍人への手当や、英国のように労働党政権で社会政策を充実させた例もあります。とても不況と失業を国内に強制できる環境ではありませんでした。

米国以外の国にとって、ドルが圧倒的に不足していること、従って外貨との交換可能性を回復するのは尚早であることは明らかでした。つまり、**ブレトンウッズ体制は作ったものの、そのための要件**（ドル決済に基づく自由貿易と経常赤字国による調整責任）**が欠けていたわけです。**[10] 実際、若干の例外はありますが、1950年代を通じて、IMFは開店休業状態であったと言えます。

IMFに代わって、終戦直後の国際金融システムを支えたのは「**マーシャルプラン**」

（10）そうした状況も予見して、IMF協定には、貿易決済に使われるある通貨（ドル）が不足している場合、その通貨の国との貿易を一時的に制限できる、という自由貿易の例外条項が設けられていました。

でした。これは、冷戦の激化を受けて、当時のマーシャル国務長官の提唱で始まったもので、１９４８年から１９５１年までの間に欧州の西側諸国に対し、１２０億ドルの資金を供与します。その９割は返さなくていいお金（グラント）であり、これによって欧州諸国は、国内で調整政策を採ることなしに、輸入決済のためのドルを手にすることができました。

１９４０〜１９５０年代の国際金融は、米国→欧州／アジアの資金の流れをいかに構築するかが大問題でした。ちょうど１９２０〜１９３０年代に、米国→ドイツに資金が流れ始めるまで国際金融システムが機能しなかったのと同様です。その解決は、ブレトンウッズ体制の外側で、米国からのグラントマネー支給を通じて行われました。１９２０〜１９３０年代に民間投資家の資金に頼ってサドンストップに陥った経験からか、今回は市場主義というイデオロギーを離れて、公的な無償資金という現実的な解決が採られました。米国がそのコストを引き受けたおかげで、国際的な資金の流れが循環し始め、国際金融システムは終戦直後の不安定な時期を乗り切ることができました。

ドル過剰

１９５０年代末から欧州諸国は外貨との交換可能性を回復させていき、その結果、ＩＭＦもブレトンウッズ会議で想定された役割を果たすようになっていきます。欧州諸国や日本は米国への輸出で経常黒字を計上するようにもなりました。

他方で資本規制の緩和も進み、国際的な金融取引が盛んになっていきました。米国は政策的に低金利を続けていたので、米国の投資家は、内外の金利差に注目して対外投資を増加させていきます。また、米国は世界中に軍事基地を展開し、１９６０年代後半にベトナム戦争への介入を深める等、軍事支出や軍事支援の形でもドルの流出が継続しました。一方、米国内ではジョンソン大統領の下で、公民権運動を受けた「偉大な社会」プログラムが推進されて政府支出が拡大し、インフレが加速していきます。

トリフィンパラドックス

ある商品が市場にあふれると、価格はどうなるでしょうか？　豊作の年の農作物のように、価格が下落するのが普通です。同様に、世界中にドルが流出してドルが過剰となると、ドルの価格が下がる、すなわちドルの為替レートがドル安方向に向かうことになるはずです。しかし固定相場制下ですので、各国当局がドルを購入して為替レートを守りました。

その結果、各国の外貨（ドル）準備が増強されたのは良いのですが、ドル安圧力に負けてドルが切り下げられる可能性がある状況では、各国は外貨準備に含み損を抱えていることになります。

ドルの価値は究極的には米国当局が保有する金によって担保されていましたが、米国の保有する金の量は、ドルとの交換要請に応えたため、１９６０年からの10年間で、約2万トンから約1万トンへと半減していました。金本位制下のように、ドルの流通量が米国の保有する金の量とリンクしていれば、１９６０年代を通じてドルの発行量も減少していたはずですが、ブレトンウッズ体制下では、米国政府がドルと金の交換を約束している限り、ドルの発行量に制約を課す必要はありません。米国政府に「規律」をもたらす仕組みがなかったのです。ドルを受け取った側からすると、本当に金に交換してもらえるか、疑念が生じても不思議はありません。

このように、**本来は皆が保有したいドルであっても、供給量が増えすぎるとかえってドルに対する信認が低下してドル保有を躊躇してしまう**、という矛盾（パラドックス）を明らかにしたのが、エコノミストのロバート・トリフィンでした。

途方もない特権

とはいえ、国際金融システムは依然としてドルに依存しています。他のすべての国の通貨はドルによって価値を与えられます。

通常であれば、資本流出に直面する国は、為替レート防衛のために金利引き上げ等の措置を採らざるを得ないでしょう。しかし、米国は通常の国ではありません。米国だけは、為替への信認低下を意に介さず、国内政治の優先順位に従った政策を採り続け、そのまま貿易や投資の決済を自国通貨（ドル）で行うことができました。他に選択肢がない以上、各国はドルを受け取り、ドル資産に投資します。

フランスのジスカール・デスタン蔵相（後に大統領）**は、国際的な準備通貨**（ドル）**の発行主体である米国だけが持つこの特権を「途方もない特権」と呼んで批判しました。**

慇懃なる無視

しかし、米国にその特権を手放すつもりはありませんでした。その特権を手放したとたんに、ドルの信認を維持するための調整政策を採らざるを得なくなりますが、国内の政治情勢のみならず、海外での軍事的コミットメントからして、引き締めは論外でした。

そうはいっても、米国にも困ったことがあります。それは、世界中で潤沢となったドルの保有者から、金との交換を迫られることです。法的にはもちろん交換に応じざるを得ません。しかし、金の保有量には限りがあり、無限に応えられるわけではありません。米国が経常黒字を増やすことでドルが国外から還流してくればいいのですが、各国とも産業の競争力がついてきていますので、米国からの輸出を増やすのはそう簡単ではありません。

米国はドルの流出を抑える努力を行います。欧州に兵器等を売ったり、途上国に開発援助資金を供与する際に物資を米国から輸入するよう求めたりして、経常赤字の縮小を目指しました。また、金価格が上昇（ドルの価値が下落）したらロンドン市場で主要国が共同で金を売って、事実上ドルを買い支える仕組み（金プールと呼ばれます）を構築したり、ケネディー政権の下では、資本規制（利子平衡税）も導入しました。さらには、より直接的に、保有するドルを金に交換するよう求めないでほしい、と個別国への要請も行います[11]。

こうした努力もあって、米国からのドルの流出が抑制された年もありました。しかし、米国がニクソン政権の下で、国内経済優先の姿勢を一層強めるにつれ、資本流出が増加しドルの信認低下が進みました。**ドルの実質的な価値が目減りするのを放置した米国の姿勢は、「慇懃《いんぎん》なる無視」と呼ばれました。**

貿易決済の新たな手段

1960年代末になると、ブレトンウッズ体制がそのまま存続するのは難しいことが明らかとなっていました。米国からドルが大量に流出すれば、貿易決済も容易になり、世界経済は高成長となりますが、ドル自体の実質的価値が目減りします。他国はドルを金に交換したいところですが、米国の金保有量は不十分です。他方で、米国の資本流出規制等が効果を上げて、ドルの供給が減少すると、ドルの借り入れコスト（金利）が上昇しますし、世界経済の成長率は低下します。**問題の根源は、米国のナショナルカレンシー（ドル）が、事実上唯一の決済通貨であり、その供給の増減と価値の上下が米国の政策によって大きく左右されることでした。**

この問題の解決策として、1969年、IMFは新たな準備資産である「特別引出権」（SDR）**を創設します。**これは一言でいえば、**IMF加盟国の特別多数決によって創出できる、ドルと同価値の資産**（1SDR＝1ドル）です。SDRはIMF加盟国の経済規模等に応じて対価なしに配分されるので、各国の外貨準備が配分額だけ増加したのと同じ効果があります。ドル不足で世界経済が低成長となる見込みがあれば、SDRを新たに創出して貿易決済を容易にすることができます。一方、SDRは通貨ではなく、まして

（11）当時黒字基調の定着していた日本やドイツは、安全保障を米国に頼っていることもあり、この要請に従いましたが、フランスは要請にもかかわらず保有するドルを金に交換したと言われています。

ドルではないため、金との交換はできません。従って、ＳＤＲの創出がただちに米国の保有する金への交換圧力につながるわけではありません。

ＳＤＲを創設したのは、国際金融システムがドル供給の増減に依存する度合いを少しでも下げようとしたからです。しかし、赤字国がすでに配分された額以上のＳＤＲを用いて貿易の決済をする際には、ＳＤＲを入手するための手数料（金利）が必要ですので、ドル供給が潤沢な時にはＳＤＲをわざわざ使うメリットはありません。１９７０年前後は米国からの資本流出が増加していましたので、ＳＤＲは創出されてもほとんど使用されず、この後長期間にわたって、ほとんど忘れ去られてしまいました。

ニクソンショック

米国が１９６９年に就任したニクソン大統領の下で再度緩和的な政策を推進した段階で、ブレトンウッズ体制の矛盾に改めて焦点が当たります。国際金融システムは、潤沢なドル供給に依存する一方で基軸通貨（ドル）の価値がいつか暴落することを受け入れるか、ドルの供給を絞って価値を維持する代わりに低成長を甘受するか、との岐路に立ちますが、当時の米国政府にとって選択肢は明らかでした。

１９７１年８月１５日、ニクソン大統領は突然、ドルと金との交換を停止することを発

表します。いわゆる「ニクソンショック」です。同時に、10%の輸入課徴金、90日間の賃金と物価の凍結、減税といった措置を発表し、貿易赤字・インフレ・不景気に一気に対応しようとしたのです。

米国は、ドルの固定レートの維持、金との交換義務の維持、国内での引き締めの回避、ドル流出の放置、等々の複合的な矛盾から脱却するため、一方的にブレトンウッズ体制の屋台骨を否定する道を選びました。当然、その直後からドルは世界中の市場で売り浴びせられ、ドルのレートは激しく下落します。しかし東京市場では、ドルの買い支えに協力してきた民間企業・金融機関がドルを売る機会を奪うわけにはいかないとして、2週間市場を開け続け約40億ドルを1ドル＝360円で買い支えました。その結果、外貨準備が大きな含み損を抱え、さらに円の過剰流動性をもたらして後のインフレの萌芽になったとの見方もあります。

いずれにせよ、ドルと金のリンクが断ち切られた以上、ブレトンウッズ体制の基盤が失われたことになります。現体制の手直しをするのか、新しい体制を作るかにかかわらず、ドルの役割を再定義する必要がありました。しかし米国はあまり協調的ではありません。本来、米国が協力を頼む立場にある欧州や日本に対し、米国のコナリー財務長官は、「ドルは我々の通貨だが、お前たちの問題だ」と言い放ちました。

１９７１年12月にワシントンのスミソニアン博物館で行われた国際会議で、各国の通貨とドルの間の為替レートを再度固定することが最終的に同意されました。その際、黒字国である日本は16・9％、ドイツは3％強の切り上げを受け入れました。ドルと金との交換は復活されませんでした。それ以降、ドルの価値を担保するものはなくなり、米国政府に対してドル供給を形式的に制約する要因（金の保有量）もなくなりました。

危機の残したもの

スミソニアン合意は、すでに壊れてしまった国際金融システムの延命策に過ぎず、１年少々たった１９７３年２月には主要国はフロート（変動相場制）**に移行します。**それに合わせて、ＩＭＦも新しい国際金融システムに適合した役割を担うように変貌していきます。

30年弱のブレトンウッズ体制は、固定相場で自由貿易と高度成長に対応しつつ、ドル不足・ドル過剰、ポンドからドルへの基軸通貨の移行、国際通貨としての金の位置づけ等、難しい問題に取り組みましたが、現代の目から見ると、矛盾を弥縫策《びほうさく》で先延ばしにしてついに力尽きたように思われます。

（１）ニクソンショック以降の国際金融システムは、システムとして制度化されていない

「ノンシステム」とも言われます。固定相場制に比べて柔軟性が高まったのは良いのですが、経常収支赤字のファイナンシングが容易になったこともあり、赤字を避けるための、規律を持った政策運営を行うインセンティブが低下してしまったと言えるでしょう。そのため、調整を強いられずに経常収支赤字を長期間継続する国が現われてきます。その中には、経常収支のファイナンスに行き詰まり、危機に陥る国も少なくありません。

（2）基軸通貨国の米国では、金とドルとの交換義務がなくなったことで、ドルの発行量にますます制約がなくなります。その結果、米国でも経常収支の不均衡が長期間継続しますが、ドルが依然として国際金融の中心的な役割を果たしているため、「途方もない特権」を享受し続けます。

（3）固定相場制が求める「規律」がはずれたため、外国為替市場や金融市場、不動産市場等が大きな振幅を見せ、時に行き過ぎる（オーバーシュート）ことが、異例なことではなくなりました。システムが柔軟になったことで、かえって危機発生の芽が増えたと言えるでしょう。

（4）ブレトンウッズ体制は、根本的には、国際金融システムがある一国の通貨（ナショナルカレンシー）**に頼って運営されていたところが最大の脆弱性でした。**世界経済の発展を下支えするドルの供給はドル自体への信認を低下させましたが、他に選択肢はありませんでした。もし米国が、基軸通貨ドルの信認を保つために通貨発行量を抑えたら、世界経済の成長スピードは抑制されて戦後復興は遅れ、日本やアジアの輸出主導の高成長は不可能だったでしょう。

第二次世界大戦終結後の25年間、米国は国際金融システムで圧倒的な地位を占め、自らの国益に基づいて行動しました。自らが構築した戦後システム（ブレトンウッズ体制）すら、都合が悪くなったら捨て去ってしまったほどです。それ以降のノンシステム下で大小の危機が発生しますが、他方で**米国は他の主要国と協力しないと国際金融上の諸問題に対処できないことを学んでいきます。それに伴い、危機が曲がりなりにも「解決」されるケースが増えていくことになります。**

コラム　人民元がドルに代わって基軸通貨になるのですか？

基軸通貨というのは日本独自の言い方ですが、外貨準備として保有しておきたいような通貨（準備通貨）の中でも最も優越的な立場にある通貨を意味します。ある通貨が準備通貨と受け止められるためには、メンジー・チンとジェフリー・フランケルが挙げている次の4条件が参考になります。

(1)その国の経済力と貿易量
(2)その国の金融市場の成熟度
(3)その国の通貨の価値への信認
(4)ネットワーク外部性

たしかに、その国の通貨の取引量が多いほど、人々はその通貨を保有したいと思うでしょうし(1)、その国の通貨の調達や運用が容易で、しかも自由に持ち出しができること(2)は必須条件です。インフレ等で価値が毀損しないことはもちろん、その通貨への投資が急に没収されたりしないとの信頼(3)が大切なのは言うまでもありません。さらに、他の人々が使っていれば自分もその通貨を使うと便利です(4)。準備通貨として受け止められる通貨は頻繁に変化することはなく、習慣と化して長く受容されます(慣性)。

戦後75年以上が経過し、ドルの力は相対的に低下したとはいえ、依然として圧倒的です。例えば、IMFに報告される各国の外貨準備の構成通貨の内訳を見ると、直近(2021年第1四半期)でもドルが約6割を占めています。第2位のユーロは約21%、続いて円が約6%、ポンドが約5%、人民元が約2%です。

貿易の通貨建てでもドルが多く使われています。2018年にEU28ヵ国が域外から輸入した品目の56・2%がドル建てで、ユーロ建ては35・3%でした。EUから域外への輸出では48・7%がユーロ建てですが、ドル建ても34・4%あります。2020年下半期、日本への輸入は64・8%がドル建てで円建ては27・8%、日本からの輸出でも円建ては37・7%に過ぎず、ドル建てが48・5%を占めます。第三国間の貿易の多くがドル建てで行われているのは、まさにドルの基軸通貨としての地位を示しています。

BIS（国際決済銀行）のデータでは、2019年に行われた為替取引の88%にドルが関わっており、ユーロは32%、円は17%、人民元は4%に過ぎません（売買の双方をカウントするので合計は200%です）。国際的な銀行間の決済に用いられるスイフト（Swift）で用いられる通貨では、ドルが約38%、ユーロが約37%（2021年1月）と拮抗しています。しかしそれ以外の通貨では、ポンドが約7%、円が約3%、人民元が約2%に過ぎません。

このように現状ではドルの一人勝ちですが、近い将来ドルに代わって人民元が基軸通貨となる、と予測する声も聞かれます。そうした見方をどう考えればよいでしょうか？

まず、経済規模ですが、民間シンクタンクの多くは2030年までに中国が世界最大の経済大国になると予測しています。これはたしかに大きな変化ですが、経済規模や貿易量だけが準備通貨の地位を決めるわけではありません。

中国の金融市場は規制緩和が続いているとはいえ、依然として国境を越えた自由な資本移動が確保されてはいません。金融市場の透明性にも課題があり、人民元を保有する外国人（非居住者）が、元を安心して運用する手段は限定的でしょう。インフレで価値が毀損されるリスクは低いように思われる一方、上場している民間企業にも党や政府が突然指示を出す場合がある等、海外投資家には不安を与えかねません。もちろん、ネットワーク外部性をもたらすほど人民元が既に広く用いられているわけではありません。従って、中国と深い貿易関係にある周辺国や、政治的に米国と距離を置きたい国々を除き、外貨準備に占める人民元の割合を増加させていくメリットは、まだ感じられないでしょう。

もし中国当局が元の基軸通貨化を狙うのであれば、金融市場の規制や党・政府の経済への介入など多くの改革が必要です。デジタル人民元の導入が、その第一歩になるかもしれませんが、それでもドルの基軸通貨の地位は長期間揺るがないでしょう。

しかし、ドルの地位が絶対安泰とも言えません。それは、逆説的ですが、米国が敵対する国や集団に対してのみならず、友好国の企業や金融機関に対しても、金融制裁や罰金等を積極的に課すようになったためです。米国の法律の強制力は原則として国外には及ばないはずですが、ドルという米国のナショナルカレンシーを用いた取引の決済は最終的に米国の金融機関が関わるため、それを理由に事実上国外にまで米国法の管轄を広げているのです。そのような状況では、テロリストや犯罪者だけでなく、普通のビジネスに従事する主体もリスク回避のためにドル以外の通貨を用いようという誘因を持ちかねません。一部の国が外貨準備をドルからシフトして、結果として世界の外貨準備に占めるドルのシェアは徐々に下がっていますが、その背景にもこうしたリスク回避の考慮があるのかもしれません。ここにも、ナショナルカレンシーであり同時に国際決済通貨であるというドルの両義性が現われています。

第3の危機　なぜドルは大暴落したのか？

――変動相場制、オイルショック、インフレ

なぜ米国はドル安に直面したのか

米国に対するイメージは、世代によって様々だと思います。第二次世界大戦直後の世代は、米国の圧倒的なパワーと豊かさに対する憧憬の念を覚えたでしょうし、現在の若者はGAFAに代表される最先端技術やスタートアップのダイナミズムに心震える思いを持つでしょう。他方で、地球温暖化問題への取り組みや国内人種問題への対応等に幻滅する人々も少なくありません。

1970年代の米国は、同時代の人々にはどのように映っていたでしょうか？　文化的な発信力は依然として強力でした。何しろ、「スター・ウォーズ」が封切られ、イーグルスが「ホテル・カリフォルニア」を歌っていたのですから。しかし、政治・経済的には、底の見えない深みにはまっていくような、閉塞感漂う時期でした。

政治面では、ウォーターゲート事件によるニクソン大統領の辞任（1974年）、南ベトナムの崩壊を受けたサイゴン（現ホーチミン）からの不名誉な撤退（1975年）、イラン革

命の際の大使館占拠事件（1979年）、アフガニスタンへのソ連侵攻（1979年）等、米国の威信を傷つける事件が次々と起こりました。経済面では、オイルショックによるインフレと不況を背景に、投資の低迷や規制の増加を受けて製造業の競争力が大きく低下しました。自動車をはじめとする工業製品で、「メイド・イン・USA」という言葉が、品質への疑問と同じ意味に使われ始めます。

そうした中、1970年代後半に米国は経常収支赤字の拡大とドル安に直面します。ブレトンウッズ体制下では経験していない状況です。なぜそのような事態に陥ったのでしょうか？

ブレトンウッズ体制下では、ドルの為替レートが固定されていますので、米国の経常収支が赤字になったとしても、それがただちにドル安につながるわけではありません。決済通貨としてのドルへの需要もあるので、各国でドルの買い支えが起こるからです。もちろん、各国が保有するドルの実質的な価値と、固定されたドルレートとの乖離が覆い隠せなくなったときに、危機（ニクソンショック）となりましたが、それまでは少なくとも表面的にはドルの為替レートは変動しませんでした。ところが、**1970年代には変動相場制になっているため、ドルへの信認低下はそのままドルの為替レートに反映されて、ドルが暴落してしまったわけです。**

価格が先行き一層下落すると見込まれる商品を、すぐに買う人は限られます。もう少し安くなってから買おうとする人が多いほど、今は売れ行きが悪く、今の価格も下がります。当時のドルも同じことで、今後もドル安が続きそうであれば、米国以外の国・企業は、当面必要なドル資金だけ借り入れておき、後日さらに安くなったドルを買うのが合理的です。経常収支赤字が増大し、ドルが国外に流出するにつれ、ドル安が続くとの予想が一層のドル安を招くことになりました。その悪循環を断ち切るため、カーター政権は空前絶後の思い切った手を打ちました。それに加えて、皮肉なことに米国自身の弱さが、ドル安反転の推進力ともなりました。

変動相場制の時代

固定相場制（さらには金本位制）の時代には、外貨準備高が減少してくると、好むと好まざるとにかかわらず、引き締め政策を採らざるを得ないのが通常です。日本では、「国際収支の天井」とも呼ばれました。天井が近づくと（すなわち外貨準備が一定の額まで減っていくと）、頭がぶつからないように姿勢を低くしなければいけない、というわけです。しかし、スミソニアン体制崩壊後の変動相場制下ではそうではありません。外貨準備が底をつく前に、経常赤字国の為替レートは下落して、赤字が自然に縮小するはずですから、経常収支の動向を心配して経済運営をする必要はないと信じられました。

しかも、1970年代には海外からの資本流入が容易になっていきます。特に、産油国が獲得したドル（オイルダラー）が欧州の銀行等を通じて大量に発展途上国への融資に回りました。経常赤字になっても、ファイナンシングが容易に行われる見込みがあれば、少なくとも相当の期間は、調整政策を考えずにすみます。主要国を含む各国は、国内の経済成長（より直接的には失業の減少）を主たるターゲットにした経済運営へと舵を切っていきます。安定を目指す経済運営の指針を「規律」と呼ぶとすれば、国際収支を基盤とする規律が政策運営上軽視されるようになったと言えるでしょう。

その結果、経済の潜在的な力を制約なく発揮できることになったと評価することは可能です。「国際収支の天井」が近づくたびにブレーキを踏まされたのでは、なかなかスピードも出ないでしょう。しかし同時に、この動きは、経済運営における政治の勝利をもたらしてしまう恐れをも意味します。というのも、経常収支をそれほど気にせず、政府・与党がなるべく好況を維持し雇用を増やすような拡張的な経済運営を行えば、結果的に自らの政治基盤の強化につながり、次の選挙でも有利になることは否定できないからです。こうして、**変動相場制下で、海外からの資金借り入れが容易な状況においては、経常収支が赤字であってもそれを軽視するインセンティブが働くようになってしまいました。**

オイルショックとインフレの破壊力

インフレ（物価上昇率）と言われて思い浮かぶ数字は何％くらいでしょうか？　世界の主要な中央銀行は２％のインフレ目標を立てていますから、最大でもその程度でしょうか？

日本に住む人々は、過去20年以上にわたり物価がほとんど上昇しない環境に慣れています。日本ほどではないにせよ、ここ10年ほどは、主要国のインフレ率も１〜２％台の比較的低い水準で推移していました。新型コロナ危機からの回復過程では先進国の一部でインフレ率が上昇していますが、それでも二桁に届いていません。そのような状況と比較すると、オイルショックがもたらしたインフレの破壊力は、別次元のものでした。日本の消費者物価上昇率（１９７４年）は23・２％です。

１９７３年の第四次中東戦争の際、石油を産出するアラブ諸国は、非友好国に対する「武器」として、石油の禁輸や価格引き上げを行い、その結果、石油価格は１バレル当たり３ドル前後から12ドル前後へと、４倍も上昇しました（第一次オイルショック）。また、１９７８年にイランで革命が起こると、１バレル当たり13ドル前後から35ドル前後へと石油価格が再度上昇しました（第二次オイルショック）。

日常生活や経済活動の基盤となっている石油価格が突然上昇する危機に直面し、世界中

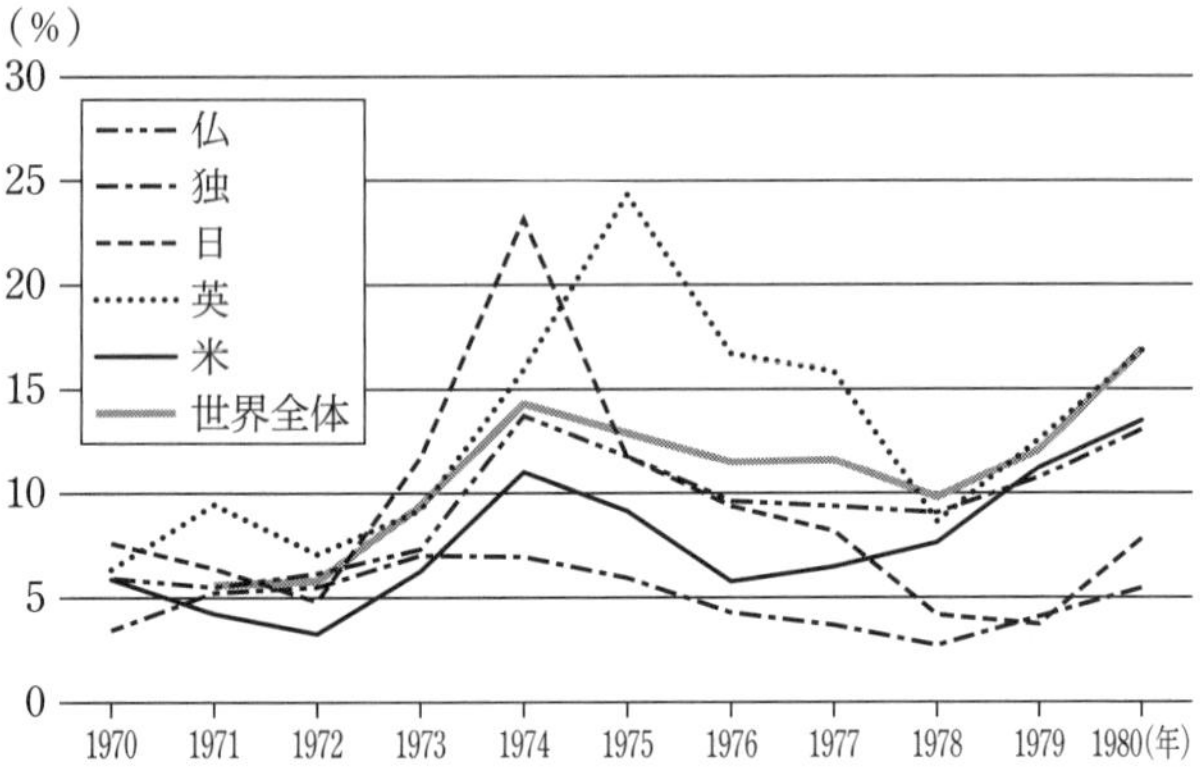

1970〜1980年のインフレ率の推移（出典：IMF）

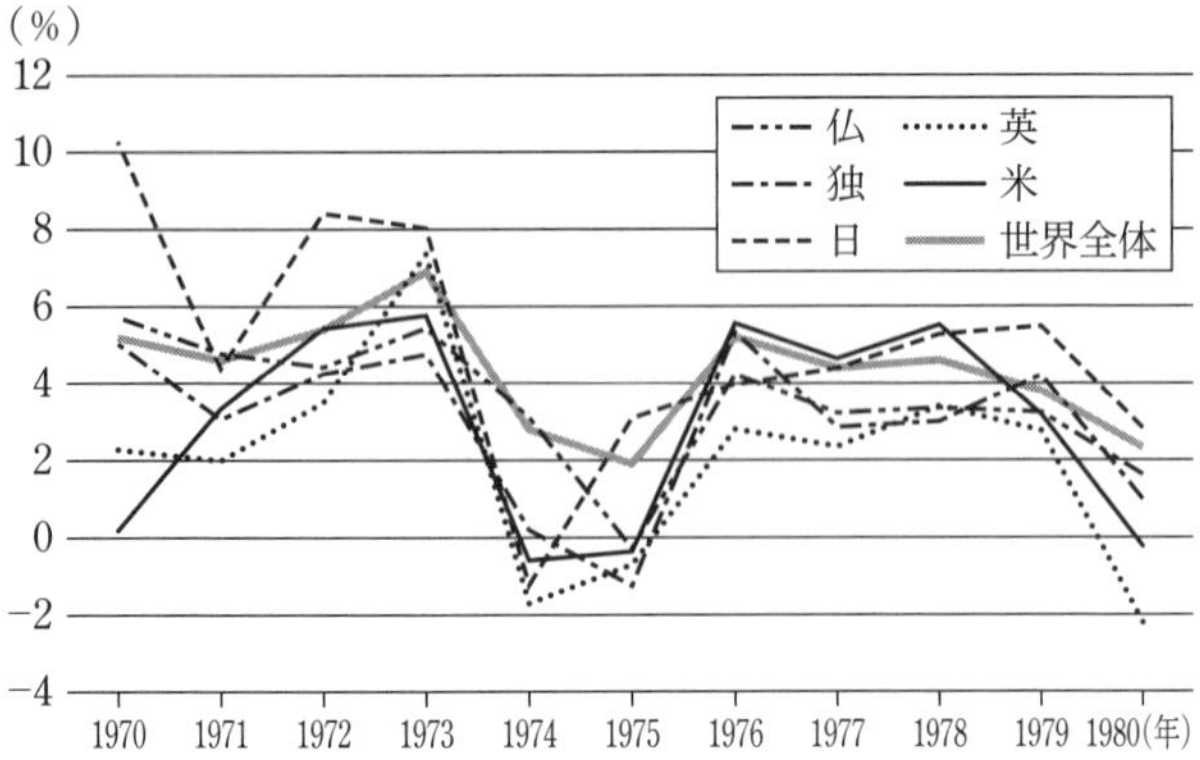

1970〜1980年の実質GDP成長率の推移（出典：IMF）

でパニックが起きました。日本では、国民の間にトイレットペーパーが不足するとの風評が広まり、買い占め・買い急ぎが起こって品不足となりました。車社会の米国では、ガソリンスタンドに給油を求める長蛇の列ができました。**景気は急降下し、1974〜1975年にかけて、主要5ヵ国はすべてマイナス成長に陥りました。**

国際協調に向けた努力

この状況を受け、フランスは他の先進工業国5ヵ国を招いて初めての主要国首脳会議を開きます。1975年の「**ランブイエサミット**」です。翌年には米国が同様の会議を主催し、以後いわゆるG7サミットが定着します。首脳レベルで主要国が経済問題を毎年議論するスタイルが誕生しました。

ランブイエでは、インフレを抑え、成長回復を維持して失業を減らすこと、エネルギー供給問題に対処すること、貿易自由化を進めること等が合意されました。しかし、政治的な合意が各メンバー国をどの程度拘束するのか、という現在につながる問題は当初からつきまとっていました。例えば、英国労働党政権は、国内で労働組合の圧力に抗しきれず、緊縮政策が採れずにむしろインフレの激化とポンド危機を招きました。とはいえ、主要国が問題意識を共有して対応策を共同声明として発する形式は、1980年代後半の「政策協調」の時代の端緒となったと言えます。

機関車論

ただし、政策協調への道は決してスムースなものではありませんでした。しかも、国際的な協調の結果、個別国にとって事態は一層悪化した、との解釈も広がりました。

米国では、第一次オイルショックの不況から回復するにつれ輸入が増加し、1977年には経常赤字に転落します。しかし、ブレトンウッズ体制下と同様、赤字縮小のための調整政策ではなく、ドルを用いた赤字の穴埋めを選択します。ドルと金との交換義務がなくなった以上、心置きなくドルの流通量を拡大できるわけです。「途方もない特権」の継続です。

米国は他方で、経常黒字国である他の主要国には、景気刺激を求めました。それにより黒字国が輸入を増やして、世界経済を牽引してほしい、という意味で「機関車論」と呼ばれました。1978年7月に西ドイツが議長となって開催された「ボンサミット」では、ドイツは国民総生産（GNP）の1％規模の需要追加措置を採ること、フランスは財政赤字をGNP比0・5％拡大すること、イタリアは1979年の成長率を1978年に比べて1・5％高めること、日本は1978年度の成長率を1977年度に比べて

1・5%上回ることを公約しました。英国は景気刺激のためにすでに採られている追加措置に言及しました。一方、米国が経常赤字縮小に向け、現在進行中の減税の規模縮小や政府支出削減を指摘したところをみると、調整のための引き締め政策を採るつもりがあったのかもしれません。ただし実績で見ると、1979年の米国の財政赤字（一般政府）は、1978年と比べて微減にすぎず、1980年からはむしろ激増していきます。

図らずも、主要国の景気刺激は第二次オイルショックと重なりました。そのためもあって、石油価格の再上昇にもかかわらず、主要国の1979年の成長率は悪くありませんでした。ドイツでは4・2%と1978年（3・0%）を上回りますし、イタリアも1978年の3・7%から1979年は6・0%へ、日本も4・5%から5・4%へと、ボンサミットでの目標を上回るかそれに近いレベルを実現しました。しかし、石油価格が上昇する中での景気刺激ですから、必然的にインフレが上昇します。1980年には米英はマイナス成長に、日本やドイツの景気も大きく減速しました。

この状況を受け、ドイツでは、一時的な効果はあったものの、景気刺激は結局のところインフレと財政赤字を残しただけだった、という見方が強まります。日本でも、景気刺激策で増加した財政赤字を削減しなければならないという使命感から大平内閣は増税（一般消費税の導入）を打ち出すに至りました。[12] 日独には、米国からの圧力に屈して過度な景気刺激を行った結果、国内経済を必要以上に不安定にしてしまった、という印象が残ってしまいました。

ドル危機に対する前代未聞のパッケージ

1977年に発足した米国のカーター民主党政権は、景気刺激に軸足を移した結果、財政拡張からインフレの再上昇を招き、経常赤字が拡大するとともに資本流出に直面しました。ドルは1977年9月から1978年10月までの約1年間に、対円で約35％、対西ドイツマルクで約20％暴落します。変動相場制の威力の前に、ドルがなすすべもなく暴落に追いやられた姿は、1970年代の米国の退潮を象徴しています。事態は「ドル安」のレベルを超え、「**ドル危機**」となりました。

当初、米国政府は、市場のドル売りはドルの実力から乖離した投機的なものだ、と口頭で主張していただけでしたが、急激なドル安の継続は、米国内外の経済発展と、米国のインフレ対策の見通しを危うくする、として1978年11月に政策転換を発表し、実力行使に切り替えました。その主な内容は、

- **巨額の市場介入を行うとの約束**
- **金融の引き締め**（金利引き上げと預金準備率の引き上げ）

・**外貨建て国債の発行**
・**保有する金の市中売却規模を2倍に増加**

などです。ドル防衛のためにこうしたパッケージを発表するのは初めてです。その後、現在に至るまでドル安が進んだ局面は何度かありますが、米国政府がこのようなパッケージを打ち出したことはありませんし、外貨建て国債を発行したことも一度もありません。

突然かつ前代未聞の強力なパッケージは大きなサプライズであり、市場は非常に好意的に受け止めました。ドルは発表直前の1ドル＝190円前後から翌1979年11月の1ドル＝240円前後まで、1年間で約25％上昇し、ドル危機がドル崩壊へとつながる事態は回避されました。

ドル安からドル高へ

世の中が不安に満ちているとき、人々はどのように行動するでしょうか？　なんとなく安心できるもの、価値が維持できそうなものを手許に置いておきたいと考えるのではない

(12)　1979年10月の総選挙では、選挙戦の間に増税公約を撤回したにもかかわらず与党は敗北し、翌年の衆参同時選挙期間中には大平首相が急死する事態となりました。

でしょうか？　「寄らば大樹の陰」と言い換えてもいいかもしれません。為替市場や金融市場では、不安感が増すときに人々が購入したくなる資産を、嵐を避けて船が暫く停泊する「安全な港」（セイフヘイブン）と呼びます。こうした資産は、不透明感が高まると価格が上昇する特徴があります。ドルはその代表格です。

実際、1979年末に始まるソ連のアフガニスタン侵攻により、米ソの対立が激化し、地政学的な緊張が高まったことで、有事の際の安全資産であるドルへの資金流入が増加して、ドルはさらに上昇しました。米国の弱さが、ソ連による大胆な行動を招いたところがありますが、それが結果としてドルの再評価につながったのは皮肉なことです。

同時に、1979年8月にFRB議長に就任したポール・ボルカーが、インフレ退治に断固たる姿勢を示すため厳しい引き締め政策を開始したことも、ドルを下支えしました。引き締めによって、短期金利は1980年4月に平均17・6％、1981年6月には平均19・1％にも達しました。その結果、1980年に13・5％まで上昇したインフレもそれ以降急速に低下して、1983年には3・2％と落ち着きを取り戻しました。他方で、高金利がもたらす景気後退は避けられず、1980年と1982年にはマイナス成長となりますが、輸入が減少したことなどから経常収支はほぼ均衡に戻りました。実質的に、経常収支赤字に対処する調整政策を採ったことになります。

こうして米国は、スタグフレーション（高インフレと経済停滞が同時に進行すること）・ドル安・経常赤字拡大という状況から、高金利・低インフレ・低成長・ドル高・経常収支均衡という状況に移りました。

しかし、経常収支の均衡は長続きしませんでした。1981年1月に就任したレーガン大統領は、対ソ連強硬姿勢に基づく国防予算の拡大と「小さな政府」を目指す大減税によって、急速に財政赤字を拡大させ、景気の回復に伴って経常赤字は大きく増加します。一方、財政赤字の拡大（国債発行の増加）を嫌って長期金利が上昇したため、ドル高が一層進みました。高成長・ドル高・経常赤字拡大という組み合わせです。経常収支赤字拡大は好景気の反映（輸入増大）でもあるので、米国は経常赤字を放置します。ドルへの信認が維持されてドル高になっているため、経常赤字の増加によるドル安を心配する必要もありませんでした。

危機の残したもの

（1）ドル危機になったとはいえ、変動相場制下での政策運営に関し、基軸通貨国である米国とそれ以外の国との間にある歴然とした差が改めて明白になりました。

すなわち、規律を軽視した経済運営を行っても、米国は他国よりも長期間危機を回避していられるだろう、ということです。それは、繰り返しになりますが、ドルが基軸通貨であり、人々が喜んで受け取るので、信認がなかなか低下しないからです。もし「普通の国」が米国と同程度の経常赤字を出し続けたら、危機に至る可能性はずっと高くなるはずです。

1970年代末のドル危機は、その意味で非常に稀な出来事でした。経済的要因だけでなく、政治的・地政学的な要因が複合的に積み重なったからですが、もちろん今後そのような事態が再発しないとは限りません。

（2）主要国はインフレを克服し、中央銀行は自信を深めました。

FRBが強烈な引き締め政策でインフレを終息させ、その後に米国の景気が力強く回復したことから、インフレ抑制が経済政策の基本であるとの認識が一般化しました。やがて1990年代になると、中央銀行の政府からの独立が重要である、インフレは国民が今後の物価動向をどのように予測するか（インフレ期待）に大きく関わる、中央銀行がインフレ目標を設定することが有効である、といった考えが理論的に整理され、通説として受け入れられました。その後、日本を筆頭に主要先進国が徐々に低インフレ、そしてデフレ状態に陥るにつれ、主要な中央銀行の役目は高すぎる物価を引き下げることから低すぎる物価を引き上げることに移りましたが、その成果は一様ではありません。

他方で、新興市場国や発展途上国ではインフレが十分コントロールできず、その結果経済運営に困窮する例が依然として見られます。インフレは通貨価値の毀損ですから、特に貧困層の購買力を低下させますし、企業の投資意欲も喪失させます。国際金融の面から言えば、高インフレ国の通貨の名目為替レートが十分に下落しなければ、むしろ実質的な為替高になって輸出競争力を損ないます。といって、名目為替レートが大きく下落すれば、それは輸入品の価格上昇、すなわち輸入インフレを招いて、国内インフレ率をさらに上昇させますし、外貨建ての債務負担を実質的に重くしてしまいます。

（3）1970年代の経験は、マクロ経済運営の在り方にも影響を与えました。

「不景気の際には、中央銀行が金利を下げ、政府が減税や公共事業を行って、民間需要を喚起することで景気回復を図るべきだ」という主張は、通常ケインズ政策（ケインジアンポリシー）と呼ばれます。この考えは「常識」と言ってよいでしょうか？

1970年代のスタグフレーションは石油の供給ショックが契機になっていたこともあり、需要追加を重視するケインズ政策で解決することができませんでした。その結果、マクロ経済政策の基本的な考え方が多様化し、世界的には、ケインズ主義は「常識」の地位を滑り落ちたと言って良いと思います。1980年以降には、インフレを解決するために通貨量に注目するマネタリズムや、市場を通じて経済の供給面の効率性を取り戻すべきだとする新古典派の考えが強くなった一方、ケインズ主義も形を変えて支持者を増やす等、百家争鳴の様相を呈しています。ドイツでは、裁量的な政策運営でなく、ルールに基づき財政規律を重視するスタイルが確立されました。そのため、国際的な政策論争では、様々な立場に立つ参加者の間でコンセンサスを形成するのが難しい場面も見られます。

1970年代末、米国が各国と協調したドル防衛に転換したおかげで、基軸通貨ドルの崩壊は免れました。しかしその後も、米国の姿勢は、経常収支赤字の解消をドル安の放置と経常黒字国の内需拡大に求める対応が基本で、ドル安が臨界点に近づいた際にのみ、国際協調に転換しました。それは、ドルに頼る国際金融システムの危うさであると同時に、世界経済が米国の大幅な経常赤字に頼って成長している状態の避けられないコストでもあります。ドル（ひいては米国政府）に規律を課そうとする国際的な動きはほとんど成功しませんが、仮に成功してしまったら他国は低成長を甘受せざるを得なくなる恐れがあります。このパラドックスは、現在まで継続しているのです。

コラム　経常収支の赤字や黒字は国内政策で是正できますか？

貯蓄投資バランス（日本ではＩＳバランスとも呼ばれます）は、経済の各部門が貯蓄超過か投資超過（貯蓄不足）かを見るものです。

最終的に国内で使われなかった分は海外との取引に使われますので、その関係を整理すると、

経常収支＝（民間貯蓄－民間投資）＋（税－政府支出）

という式に表わせます（なぜ最終的にこの式の姿になるのかは、インターネットで容易に検索できます）。

この式の意味するところは、経常収支と、国内の「民間部門の貯蓄と投資の差」及び「政府部門の収支」の合計が等しくなるということです。

例えばＩＭＦは、経常収支赤字国に緊縮政策を求めますが、それはこの式に基づいて、民間投資と政府支出の双方を小さくして右辺をプラスにしようとしているわけです。

同様に、１９８０年代の日米貿易摩擦の際には、米国側が「日本の経常収支黒字

を縮小するために民間部門の貯蓄を減らして消費や投資を増やすか、さもなければ財政支出を拡大するべきである」という主張を行い、日本側も反論として「米国の経常収支赤字が大きいのは貯蓄不足のせいだから、財政赤字を縮小すべきだ」と主張しました。

もっとも、各部門の貯蓄投資バランスを変更しても、必ずしも望んだような結果となるとは限りません。財政赤字が拡大したら、将来の増税を予想して国民が貯蓄を増やしてしまうかもしれません。また、1980年代の日本のように、民間部門の消費と投資の拡大を推し進めた結果、税収が伸びて財政が黒字になる一方、民間部門はバブルとなって後に禍根を残すかもしれません。米国でも、1990年代後半～2000年頃に財政赤字が縮小して一時黒字になりますが、民間部門は緊縮していませんので、経常収支赤字はかなり拡大しています。財政再建だけで経常収支を均衡させることはできなかったわけです。

「民間部門の貯蓄と投資の差」及び「政府部門の収支」が大きく崩れているような場合、それらの是正を政策目的とするのは当然ですが、両部門を力ずくでコントロールして経常収支を一定の状態に維持するのは計画経済でもなければ困難です。結局のところ、経常収支の赤字体質や黒字体質と呼ばれるものは、まさに「体質」なので、人口構成や産業構造等、長期にわたる経済構造の変化によって両部門のバランスが変動し、それが経常収支に時間をかけて反映されるものなのです。

ＩＭＦは経常収支危機国に対して、力ずくで両部門の緊縮を求めるではないか、と言われそうですが、それはＩＭＦの想定しているのが、経常収支赤字のファイナンスを再度回復することを目的とする、本来短期的な措置だからです。恒常的な赤字国では、一時的な危機国とは異なり、体質改善のための長期的な措置が必要である例が多々あります。ＩＭＦ・世銀等の国際機関は、そうした国々への構造改革のアドバイスも行っていますが、なかなか効果が上がらないのが実情です。

第4の危機　日米・米独貿易摩擦は乗り越えられたのか？
――プラザ合意、円高パニック、バブル発生

日本の想定外の「敗戦」

自国の経常収支赤字に対する米国の典型的な姿勢は、調整（引き締め）政策の拒否、ドルによるファイナンス（赤字の穴埋め）、そしてドル安の放置でした。もう一つの典型的なパターンは、黒字国が不公正な貿易を行っているとの非難です。米国の優れた製品が売れないのは、相手国に米国製品を不利に扱う規制や慣行があるからに違いない、というわけです。1980年代は、この二つの姿勢が交互に現われました。その矛先は、多くの場合、当時米国が最大の貿易赤字を抱える日本です（当時、米国の貿易赤字の4割前後が対日赤字でした）。**日本はその試練をなんとか乗り切りましたが、その先に待っていたのは日本の思いもよらぬ「敗戦」でした。**

第一期レーガン政権（1981～1985年）は、市場重視のイデオロギーに主導された政権でした。日本でも、資本主義を奉じている以上、市場の論理を大切にします。しかし

同時に、安全や環境に関する規制や社会保障・景気対策等の面で、政府の役割も重要であるとの認識が一般に受け入れられているのではないでしょうか？

レーガン政権は違いました。なにしろ、「政府の存在自体が問題だ」というのが基本のスタンスですから、なるべく政府の介入を排するのが正しいと確信しています。規制緩和を推進したのみならず、「小さな政府」を実現するためには財源である税収を減少させて「兵糧攻め」にすればよい、との理屈で大減税を行います。他方で、「強いアメリカの復活」を打ち出して、ソ連に対して強硬な姿勢をとり、大規模な軍備拡張を行いました。その結果、財政赤字が激増（国債発行の増加）したため、長期金利が上昇し、ドル高が一層進みます[13]。しかしレーガン政権は、市場によって決まった為替レートは「正しい」レートと考え、さらにドル高を強いアメリカの象徴と見ていたこともあって、それほどドル高を気にしていない様子でした。

他方で、日本の経常黒字が大きいことには特に強い不満を表明します。黒字国の日本は本来円高になるはずなのに、円安になっているのは日本国内に存在する規制のおかげで市

(13) 減税により好景気となるため税収がむしろ上昇して、軍事費をはじめとする歳出の財源が十分に得られるとの触れ込みでしたが（提唱者の名を採って「ラッファーカーブ」と呼ばれました）、現実には財政赤字の激増を招いたのみでした。

場の力が十分に機能していないからだ、と激しく批判しました。日本にしてみると、円安はドル高の裏返しに過ぎず、ドルのレートが正しいのなら円のレートも正しいはずなのですが、そういう議論はかみ合いません。

こうして、その後十数年間にわたる日米間の厳しい交渉が始まりました。その間、世界経済は大きなショックや転換点を経験しますが、**日本では財政金融政策が後から見ると過度の緩和・引き締めになっていたり、方針転換のタイミングが早すぎたり遅すぎたりして、結局バブルの発生と崩壊という大きな混乱を招いてしまいました。日本経済は、現在もその後遺症から十分脱却できていません。**

日米貿易摩擦

日本にとって最大の貿易相手国はどこでしょうか？　2007年に米国を追い抜いて以来、中国が最大の相手国であり、現在では2割以上の貿易（輸出＋輸入）が中国と行われています。そのため今日では想像しにくいかもしれませんが、**かつては米国が圧倒的な貿易相手国であり、日本からの輸出の約4割が米国向けでした。**第2位以下のアジア諸国やドイツへの輸出がそれぞれ数％ほどですから、いかに米国の存在が大きかったか分かります。米国との貿易に障害が出ることは、日本経済の生死を決する大事件だったのです。

日米貿易摩擦は、1960年代あるいはそれ以前からありましたが、日本の対米黒字が急増した**1980年代になると、日本は不公平**（アンフェア）**な国だ、という主張が米国内で公然と行われるようになりました。**自動車産業の労働者が日本車をハンマーで壊すパフォーマンスが各地で行われる等、日本に対する世論の風当たりは強く、連邦議会では対日報復法案が次々に提出されました。1985年には日本を不公正貿易取引国と認定する上院決議が全会一致で採択されるほどでした。

日米交渉により、個別の品目に関する規制緩和や関税引き下げ等が合意され、また自動車各社は輸出の自主規制を行いました。(14) **しかし、米国の貿易赤字は増加を続け、日本への圧力も高まる一方でした。**官民ともに、強い危機感を持って、米国との貿易摩擦の解消を真剣に模索していたのです。

なぜドル高が続いたのか

1970年代末と比較すると、米国の1980年代の経常収支赤字（GDP比）は約5

(14)「自主規制」と言いつつ、米国への輸出が実質的に制限されたため、自動車業界は米国での現地生産を進める道を選びました。

倍も大きい一方、ドルは暴落せず、むしろドル高が続きました。なぜでしょうか？

第一に、長期金利が高かったことです。投資家は、金利の低い通貨より高い通貨で運用した方がリターンが増えると考えるので、ドルの人気が高かったのです。**第二に、米国の景気が良く、企業収益や不動産価格の上昇が見込まれたため、海外投資家はドルを買ってこうした資産に投資しようとします。第三に、米ソ対立です。**カーター政権時代は、米国の弱さが米ソの地政学的対立を招き、投資家を不安にさせましたが、レーガン政権時代は米国が軍備を拡張して好戦的な姿勢を採ったことから、やはり米ソ間の緊張が高まり、ドルは安全資産として、買われました。

ドル高ですから、輸出競争力の回復（為替安による輸出品の価格下落）を通じた貿易赤字の縮小は期待できません。経常赤字を問題視するなら、輸入拡大とドル高をもたらしている根本原因、すなわち巨額の財政赤字を縮小する必要がある、というのが日本等の考えでしたが、第一期レーガン政権は市場主義なので、市場の力が貫徹するようにすれば経常赤字は自然と小さくなると主張して、対立は解消しません。対立解消の機会は、第二期レーガン政権（１９８５〜１９８９年）に訪れました。

第二期レーガン政権で財務長官に就任したジェームズ・ベイカーは、イデオロギーに縛られず、現実的に結果を出していく実務家タイプでした。彼は、米国の貿易赤字を減らすことを最大の目標とし、そのために日本や西ドイツの協力を得ることを優先し、日独等が主張するように米国自身のマクロ経済政策にも歪みがあることを認めました。具体的には、財政赤字の放置とドル高です。一方で、日独が輸出を減らして輸入を増やすために、日独もマクロ経済政策を変更して内需を拡大するように求めたのです。特に日本については、1980年代前半の財政再建努力[15]の一方で民間需要が力強さに欠けたこともあり、内需拡大要求を強く主張しました。市場万能主義のイデオロギーに縛られないゆえに、結果が出るまで追加的な政策対応を執拗に求める傾向がありました。

1985年9月22日、ベイカー長官は日、独、英、仏の4ヵ国の蔵相と中央銀行総裁をニューヨークのプラザホテルに招いて、主要5ヵ国で大きな政策転換を行う合意をまとめて発表します。「**プラザ合意**」です。会合自体が事前には秘密であったため、記者発表は大きな驚きをもって受け止められました。その内容はどんなものだったのでしょうか？

プラザ合意の中身

まず、参加国はドル安を目指すことを宣言します。コミュニケ（声明）では「主要非ド

(15) 当時は1984年度（昭和59年度）に、赤字国債の発行から脱却するのが日本政府の目標でした。

ル通貨の対ドルレートのある程度の一層の秩序ある上昇が望ましい」と持って回った言い方ですが、米国内にドル高（強いアメリカ）を容認する市場不介入派が根強くいるため、米政権としては「ドルを弱くしたい」とは言いにくいので、ドル以外の通貨を対ドルで強くすべき、と書いたものです。5ヵ国は、そのために共同で為替市場に介入する用意があることを示唆しました。

実際、プラザ合意後から各国は積極的な市場介入を行い、短期間でドルは下落しました。円の対ドルレートでみると、プラザ合意直前の9月20日に1ドル＝242円であったものが、2週間後の10月4日には1ドル＝211円、3ヵ月後の12月には1ドル＝200円前後、半年後の1986年3月には1ドル＝180円程度と急速に円高が進みます。ちょうどレーガン大統領とソ連のゴルバチョフ書記長との間で米ソの建設的な議論が始まって米ソ対立が緩和していたこともあり、市場にはドル売りへの安心感もあったのでしょう。

その時点では、日米貿易摩擦回避を最優先とする日本政府も、国際収支不均衡是正に賛同し円安による輸入インフレを警戒する日本銀行も、真剣に円高を目指していました。そのため、当初の雰囲気は、円高をもたらしたプラザ合意は大成功だったという評価でした。

コミュニケでは、続いて5ヵ国それぞれが、今後どのようなマクロ経済政策を採っていくつもりかが示されます。当然、赤字国は経常赤字の縮小、黒字国は経常黒字の縮小の目的と整合性のある政策でなければなりません。

米国は、財政赤字の削減や民間貯蓄の促進を謳います。

日本は、市場開放、規制緩和、内需拡大です。しかし大きな問題がありました。当時日本政府は、財政再建を大目標として掲げていたので、内需拡大のために財政支出を拡大することは受け入れられません。といって、日本が内需拡大を打ち出さない限り、米国や他の参加国の支持は得られません。どうすればこの難問を解けるでしょうか？　日本はまず規制緩和の実施を約束します。それによって民間の経済活動が活発化して、内需拡大が期待できるからです。加えて、中央政府は財政赤字削減を継続するけれど、地方政府が公共投資を追加的に行えるようにします、と約束しました。内需拡大を地方財政を通じて行うことで、中央政府の財政再建との両立を目指したのです。

他方で西ドイツも、連邦政府の歳出抑制を維持し、むしろ規制緩和に注力すると宣言しました。ボンサミットで機関車論に与《くみ》したことへの反省があったのか、内需刺激策には距離を置き、具体的な言及は避けていました。

各国の約束した政策は、すでに行われていたものや計画中のものを改めてリストにして示したにすぎず、新味がないという指摘もありました。しかし、**国際金融上の課題について、主要先進国が具体的な政策パッケージを一斉に公約する、という方式は本当に画期的でした。**それまでの国際金融の「常識」では、米国が単独で一方的な発表を行っても不思議ではなかったところです。ニクソンショックも、カーター政権時のドル防衛も、米国単独で発表されました。しかし今回は、米国は参加国の一つという地位に甘んじました。それは、米国自身の相対的な地位の低下の象徴であると同時に、意味のある結果を出すには国際協調こそが一方的措置より効果的だという現実的な判断だったのでしょう。日本や西ドイツに内需拡大をしてもらうには、米国が一方的に発表しても意味がなく、両国自身に「その気」になってもらわないといけないからです。

もっとも、主要国が共通の目的の達成を目指すためには、現状の問題点とそれに対する処方箋について共通の理解がなければなりません。それは簡単なようで意外と難しく、プラザ合意でも日米と欧州では温度差がありました。それでも、**曲がりなりにも先進5ヵ国が当面の経済政策を擦り合わせて公約できたのは、米国の日独への批判を放置すれば国際金融システムの動揺を招く、との危機感が共有されていたからです。**

円高パニック

それにしても、**円の上昇幅とそのスピードは人々の予想をはるかに超えていました**。プラザ合意の際に日本代表団が想定していた円の上昇幅は10～15％と言われていますが、1986年6月までの9ヵ月間の上昇率は約32％です。マルクの上昇も急速でしたが、同期間の上昇率は約22％ですので、円の急騰ぶりが際立っています。

海外市場で競争している輸出企業にしてみると、9ヵ月で3割も円高というのは、とてもコスト削減などでは吸収できないレベルでしょう。もちろん輸入材料等の円建て価格は下落しているわけですが、国内コスト（人件費等）は不変ですので、多くの企業は利益を削って、なるべく輸出価格の上昇を抑えたはずです。それでも円高の影響は甚大でした。新潟県燕市で製造された洋食器の輸出額が、1984年の約320億円から1986年の約200億円へと4割近く激減したのが象徴的でした。

日本にしてみると、為替レートは十分に円高になったから、これ以上の円高は必要ないだろう、という意見でした。ところが、欧米は違う意見です。当初は、Jカーブ効果(16)や

(16) 為替レート変動が貿易数量に影響を与えるまでの間、貿易収支が予想と反対方向に動く現象のこと。当時の円高では貿易黒字が減るはずなのにしばらくの間むしろ貿易黒字が増加しました。

原油価格の低下を反映して日本の経常黒字が増加を続けていたので、実際に経常黒字が縮小し始めるまで円高ないしは日本の内需拡大を続けるべきだ、と主張されると、有効な反論が難しかったのは事実です。欧州にとっては、欧州通貨以上に円が上昇すれば、相対的に欧州産品の輸出競争力が上がるという計算もあったことでしょう。

１９８６年になると景気は目に見えて停滞していきます。輸出企業やその下請けの中小企業に幅広く影響が及び、有効求人倍率も低下していきました。景気を下支えするため、日本銀行は米国ＦＲＢと協調して利下げを行い、政府は経済対策を打ち出します。

日本国内では「円高不況」への怨嗟の声が高まっていましたが、円高と財政再建を両立させようとする政府の方針に対する批判の急先鋒の一人が宮澤喜一自民党総務会長でした。当時、中曽根総理大臣の後継者の地位を竹下蔵相らと争う立場にあったので、竹下の「手柄」のプラザ合意が引き起こした円高を批判することで、ライバルにダメージを与える意図があったのかもしれません。もっとも、筋金入りのケインジアンである宮澤としては、国際収支不均衡の是正のための為替レート変更は（変更幅はともかくとして）当然受け入れているはずであり、むしろ黒字国の責務として財政支出を大幅に拡大させるべきだと考えていたのかもしれません。

中曽根総理大臣は、１９８６年7月に宮澤を蔵相に任命します。そんなに批判するなら、お手並み拝見、というわけです。

ルーブル合意

日米貿易摩擦が日本経済の存立を危うくするという認識は官民で一致しています。プラザ合意直後は、その解決を為替レート調整（円高）に求めましたが、急速な円高で、経常収支黒字が縮小する前に国内が不況になってしまいました。不況で輸入が減ったのでは、貿易黒字が逆に増えてしまいます。そこで、**次の手は、円高を止め、不況対策で景気を下支えしつつ、内需拡大を進めて輸入を増やし、経常収支黒字の縮小を目指そう、ということになります。それはすなわち、政府の進めていた財政再建努力に真っ向から反対する方針でした。**

就任直後から宮澤蔵相は積極的に動き、１９８６年10月にベイカー財務長官との二国間合意に漕ぎつけます。これは一言でいえば、日本が一層の内需拡大のための財政・金融政策を約束するから、米国はこれ以上の円高を求めないでほしい、という交渉でした。ベイカー長官にしてみれば、「大国としての責任を果たすべく、経常収支黒字縮小のために円高を求める」と言っていた日本が、いまだに経常収支黒字が縮小していないのに円高抑制に協力してくれ、と言ってくるのは虫が良いと思ったかもしれません。日本側が米国の財政赤字が減らないのは米国政府の努力不足だと感じていたのと同様、米国側も、日本の経常収支黒字が減らないのは日本政府の努力不足だと感じていたのではないでしょうか。

ただし、西ドイツにとっても、マルクの現状水準での安定は悪い話ではありません。主要な欧州通貨は相互の為替レートが大きく変動しないようにする枠組み（ＥＭＳ）を作っており、マルクが対ドルで大きく上昇すると、他の欧州通貨の対ドルレートも上昇してしまうので、それを避けるため、マルクの対欧州通貨のレートは既に１９８６年と１９８７年初の２回にわたって切り上げられていました。西ドイツの主要な輸出先は欧州域内ですから、これ以上のマルク切り上げはぜひ避けたいところです。

こうして利害が一致したことから、１９８７年２月にパリに集まった主要国はいわゆる「ルーブル合意」を発表します。その最大のポイントは、「為替レートを現在の水準の周辺に安定させることを促すために緊密に協力する」と宣言したことです。つまり、一層のドル安・円高・マルク高は目指さない、との宣言です。むしろ「各通貨間における為替レートのこれ以上の大きな変動は」望ましくない、とまで断言しました。

各国ごとの政策の公約では、米国が財政赤字削減を目指すこと、競争力を高める政策を導入すること等を示し、西ドイツは既に立法された減税の規模拡大を検討すること、構造調整政策を進めること等を約しました。

これに対し日本は、その時点で国会審議中の予算が成立したら、すぐに経済対策を準備すると明言しました。予算審議中に成立後の補正予算策定を対外公約とするのは極めて異例のことです。また日本銀行はルーブル会議翌日から公定歩合を引き下げることを明言しました。米独に比べて、より具体的なコミットメントであったのは、円高抑制と引き換えに内需拡大に最大限努力するとの姿勢を示したかったからでしょう。

ブラックマンデー

ルーブル合意後、各国は協調介入を行いますが、円高ドル安はその後も継続します。ベイカー長官は特に意に介する風もなく、引き続き日独の内需拡大を求めつつ、一層のドル安を求めているような発言も行いました。市場参加者は、安心して更なるドル安に賭けることができたはずです。

何とか円高を止めたい日本は、ルーブル会合の4ヵ月後に開催されるベネチアサミットで、内需拡大に向けた努力不足を批判されないよう先手を打ち、当時としては史上最大の経済対策（6兆円）をルーブルでの約束通り発表します。これにより、国内の不況と、内需拡大要求への対応から、財政再建方針は事実上一旦棚上げされました。後になって判明しますが、実際には日本経済は1986年末に底を打って、1987年からは回復に向かっているところでした。ですから、これほど巨額の財政パッケージは、その時点では必要なく、かえって景気に過度の刺激を与えてしまったのです。

一方西ドイツでは、経済も好調であり、徐々にインフレ圧力が高まっていたことから、独立性の高いブンデスバンクがむしろ金融引き締めにスタンスを移していきます。米国は、それでは内需が冷えてしまうと批判的でしたので、市場では主要国間の協調体制にひびが入ったとの見方が広がります。また、ドルが一層下落するのを避けるために、米国自身も利上げに動くのではないか、との疑念も広がりました。こうした動揺から**1987年10月19日にニューヨーク株式市場が22・6%も暴落します**（ブラックマンデー）。**この一日の下落率の記録は、いまだに破られていません。**

市場のパニックを抑えるために、主要国は市場に流動性を供給して、市場金利を低めに誘導しました。株価も徐々に回復したため、翌1988年の春頃から米独は徐々に金融政策を引き締めていきますが、日本では円高が進んでいたため、金融引き締めでさらに円高となることを警戒して、低金利が継続されます。

日本の低金利状況の長期化は、大幅な財政支出と、内需を促進する規制緩和と相まって、不動産や株式への投機を喚起してバブル発生の原因となりました。経常収支黒字の縮小という国際公約のために、財政・金融・規制緩和と政策を総動員した結果、日本経済が

暴走を始めてしまったのです。

危機の残したもの

１９８０年代の日米貿易摩擦は、対米輸出に大きく依存していた日本にとっては、まさに生死に関わる危機でした。その二国間の危機をコントロールするのに、多国間の為替調整とマクロ経済政策協調という方策を見つけたことは素晴らしい成果でした。日米の二国間で対峙するよりも多国間で交渉する方が、各国の利害が打ち消し合って、より建設的な議論となりました。

では、政策協調の約束は果たされたのでしょうか？

（１）ドルの為替レートは大きく下落しました。

（２）日本では１９８７年以降、内需（消費、設備投資等の民需と公共事業等の公需）**主導の成長軌道に乗りました。**好景気で税収が伸びたため、いわゆる赤字国債の発行は減少していきます。ドイツも、内需・外需ともに好調で、財政が均衡する中で高い成長を実現しました。

（３）一方、米国の財政赤字の削減はあまり進展しませんでした。連邦政府の赤字は、１９８６年度（１９８５年10月～１９８６年９月）の約２２００億ドルから１９８７年度には約1500億ドルへと減少しますが、その後数年間は横ばいで、1990年度から再拡大を始めます。日独は、財政赤字削減が進まないことを議会のせいにする米国政府が責任逃れをしていると感じて、不満を述べました。

公平のために付言すれば、米議会も何もしなかったわけではありません。1985年12月には、今後5年間で財政赤字をゼロにするという、いわゆる「**グラム・ラドマン・ホリングス法**」が成立します[17]。しかし、景気動向にかかわらず機械的に歳出を削減するのは賢明でないという異論や、削減に至る手続きの違憲判決等もあり、一度は改正法が作られるものの、結局実質的効果を上げないまま、うやむやに終わってしまいました。

政策協調の目的である、経常収支赤字・黒字の是正は実現したでしょうか？

（4）米国の経常収支赤字は1980年代末に縮小し、景気停滞に伴い1991年には小幅の黒字となります。物価の影響を除いたデータで見ると、1980年からプラザ合意のあった1985年までは輸出がほぼ横ばいの反面、輸入が増加していました。1985年から経常黒字となった1991年までは、輸入の伸びが鈍化する一方、輸出が大きく伸びています。政策協調で実現したドル安と日本等での内需拡大（米国からの輸出増加）がある程度効果を発揮したと言えるでしょう。

	1980年第3四半期→1985年第3四半期	1985年第3四半期→1991年第3四半期
実質輸入	+61.7%	+31.0%
実質輸出	−0.3%	+85.1%

米国の実質輸出入の伸び（出典：セントルイス連銀）

（5）同様に、日独の経常収支黒字は縮小します。 日本の場合は、バブル景気により1980年代末に輸入が大きく伸びたこと、ドイツの場合は1990年の東西ドイツ統一後しばらくの間、輸出競争力が低下したこと等が影響したと思われます。(18)

総合的に見ると、政策協調の直接的な成果とは断言できないにせよ、日米独三ヵ国の経常収支不均衡が曲がりなりにも縮小しました。そして、1989年の冷戦終結以降、世界経済のテーマは、先進国間の経常収支不均衡から、旧ソ連圏諸国をいかに市場主義経済に組み込んでいくかに移りました。G7各国の関心も、各国がそれぞれ経済成長の潜在能力を高めることへと移り、1990年代は構造改革が時代のテーマとなっていきます。

（17）各年度に赤字目標を設定して、実際の予算の赤字見通しがこれを上回る場合には、その超過額の半分を国防費から残り半分を非国防費のうちの裁量的経費から機械的に削減するというドラスティックなものでした。

（18）旧西ドイツ地域は、旧東ドイツ地域に巨額の財政移転を行います。一方、旧東ドイツの経済の実力を無視して、東西のマルクを同価値と設定したため、生産性と賃金レベルが適合せず、コスト高に苦しむようになりました。

日本は1980年代の危機を脱しましたが、思わぬ形でそのコストが返ってきました。

(1)経常収支黒字の縮小のため、円高と内需拡大を国際的に公約した日本ですが、1980年代後半の急速な円高による不況を経験したため、官民に強烈な円高恐怖症が根付いてしまいました。そのため、日本は円高の回避と引き換えに、より積極的な内需拡大に向かうことになります。

(2)例えば、1990年に合意された「日米構造協議」において、日本は10年間に430兆円の公共投資を行うと約束しました。もちろん、バブル絶頂期ですから、一挙に生活インフラをアップグレードしようという日本側の意図（幻想?）は理解できますが、当時の日本の公共投資（公的資本形成）は年25兆円ほどだった一方、経常収支GDP比はピーク時の半分以下まで下がっていたので、経常収支黒字縮小のための内需拡大という理屈では正当化できない規模の対外公約であることは間違いありません。そのため、日本政府は米国からの外圧に弱い、との印象がますます内外に広まってしまいました。

(3)バブルの崩壊後、金融機関の不良債権処理が遅れたこと、人口構成等の構造的変化とタイミングが合ってしまったことなどから、日本経済は長期にわたる低迷期に入ってしまいます。1980年代後半の内需拡大の対外公約がもう少し控えめであったら、あるいは多少の円高を覚悟してでも、もう少し早めに金融引き締めが行われていれば、バブルがそれほど巨大化することもなく、崩壊後の影響も小さくなったのかもしれません。しかし、バブル期には、土地価格の上昇を問題視した声は多かったものの、株式市場の上昇や好景気の継続を批判した声は皆無と言ってよく、バブルを警戒して早めに政策転換を行うことは、内外からの圧力を考えると極めて困難だったと思われます。

１９８０年代後半、米国はドル安（円高）の放置をテコに、日本に内需拡大を強く要求し、それに応えた日本経済は、円高を避けるための政策でバブルを発生させてしまいました。バブル崩壊後は、不況が長引き、経常収支黒字が高いレベルで推移します[19]。その間、日本では、景気の下支えや、米国からの内需拡大要求、円高対策、銀行危機への対応といった大義名分の下、財政拡大に歯止めがかからなくなり、財政状況が急速に悪化しました。

一方、日本国内の経済低迷に直面した製造業は海外生産に傾斜して、いわゆる「空洞

(19) クリントン政権は、特に自動車や自動車部品で厳しい要求を行う一方、ドル安を放置したため、１９９５年4月に円は史上最高値（1ドル＝79・75円）まで上昇しました。

化」が進み、若者はほぼ10年間にわたる就職氷河期で、職場での人材育成の機会を失いました。１９８０年代の危機、すなわち経常収支不均衡問題は、良くも悪くもそれ以降の日本経済の姿を形作ったと言えます。

他方、１９９０年代後半に米国経済は絶好調となりました。高成長に伴い経常収支赤字が増加しますが、それを上回る巨額の資金流入を得て、財政も黒字化します。ドルによる経常赤字のファイナンスにもかかわらず、ドルの信認低下が起こらずに、ドル資金が円滑に循環し、１９９０年代の国際金融システムは順調に機能しているように見えました。しかしその陰で、新しい形の危機が芽生えていたのでした。

コラム　為替市場介入に意味はあるのですか？

為替市場では常に様々な組み合わせの為替取引が行われています。その市場全体の流れを反映して、その時点における為替レートがいわば市場のコンセンサスとして形成されるわけです。そうした中、市場におけるレートの形成に影響を与える意図をもって、当局が行う為替売買を市場介入と呼びます。固定相場制では、市場の動きが固定レートから大きくずれないように日常的に行われますが、変動相場制下でも行われることがあります。プラザ合意の際のように、いわば無理やり為替水準を変更していく場合もありますが、ほとんどの場合は為替の一方向への行き過ぎた動きを減速させる、あるいは乱高下の振幅を縮小する目的です。

為替政策は金融政策と密接な関連を持つので、多くの国では為替介入は中央銀行の仕事です。しかし日本と米国では、外貨準備を政府（財務省）が管理していることもあって、為替介入は政府の判断で行われます。その際、中央銀行は政府のエージェントとして為替市場に注文を出すことになります。

例えば円高ドル安への動きを牽制したい場合、政府のエージェントである日銀は為替市場参加者（主に銀行）に円を売ってドルを買うことになります。売るための円は政府が短期証券を発行して市場から調達し、購入したドルは外貨準備に入ります。反対に円安ドル高を抑えたい時には、政府は外貨準備で保有するドルを売って円を買います。概念的には日本政府・日銀が供給する円の量に制限はありませんから、円売り介入は無限にできることになります。他方、外貨準備で保有するドルには限りがありますので、ドル売り介入には上限があります。一般に新興市場国・発展途上国では外貨準備に限界があるため、自国通貨安に介入で対応するのは困難とされており、外貨準備が枯渇する前に為替の切り下げを選択するのが通例です。

市場介入に効果はあるのでしょうか？　従来の研究では、効果がないとするものが多数です。たしかに、1日当たり6・6兆ドル（2019年4月）も行われている為替取引の中で、公的部門が行う売買は大海の一滴ですから、その程度で市場参加者の価格形成に影響を及ぼすはずがありません。ポイントは、心理的な影響をどう考えるかです。

市場の動きが一方向に傾いたり大きく混乱したりするとき、市場参加者は介入リスクを警戒します。介入で市場レートが反対方向に動けば損が出るからです。政府・中央銀行側は、サプライズ効果を狙ったり、あるいは予想外に大量の注文を出してみたり、場合によっては介入と同時にその事実を公表したりして、トレーダーに心理的な影響を与えようとします。その観点から、複数の国が同時に介入を行う協調介入は、心理的な効果が大きいと言えます。特に、基本的には市場介入に消極的な米国が加わった協調介入は、往々にして大きな効果をもたらすようです。

変動相場制下、為替レートは市場に任せるべきですが、すべての介入が不適切だということにはなりません。実力不相応の水準に為替レートを持っていこうとするような介入は資金の無駄ですし、効果も期待できませんからやるべきではないですが、市場が薄い場合や、何らかの理由（ショック）で無秩序な動きをしている場合に、オーバーシュートを抑えたり、市場の動きをなだらかにしたりする目的から限定的に市場介入を行うことはむしろ妥当なことだと考えます。プラザ合意後、日本経済は急速な円高に適応できずに苦労しましたが、長期的には各企業の努力で円高への耐性を強めていくことができました。世界経済の中で日本の政治的・経済的地位が変動するにつれて、為替レートが（名目値で）大きく動くことは今後も起こり得ます。その際に、適応の時間を稼ぐ意味でも、限定的な市場介入のオプションは保持しておくべきでしょう。

第5の危機　発展途上国の債務危機はなぜ同時多発したのか？
――ラテンアメリカ大混乱、IMFプログラム、ブレイディープラン

「借りたお金は返す」は人間社会の基本ですが、返済が遅れてしまうことがあるのも事実です。もし借金が少額であれば債務者が金策に走るだけですが、債権者の死命を制するほど借金が巨額であったらどうでしょうか？　債務者が返済を再開できるように、債権者も必死でアドバイスしたり、場合によっては一部の返済を猶予したりするのではないでしょうか？　**1980年代には、まさにそうした事態が発展途上国**（当時は新興市場国という呼び方がまだ定着していません）**を舞台に同時多発的に発生しました。**

債務が返済不能となると、途上国に貸し込んでいた大銀行の健全性を直撃しますので、これらの銀行の監督者である先進国の政府・中央銀行は先頭に立って危機解決に奔走することになります。途上国債務危機が先進国の銀行危機につながるのをギリギリで食い止めつつ、債務国の経済を立て直していくにはどうしたらいいか、G7と国際機関は衝突しながらも知恵を絞っていきます。そうした中、**経済大国としての責任感から国際金融の課題に積極的に発言するようになっていた日本は、画期的な提案を行いました。日本の提案**

が各国に反対されたのは想定の範囲内でしたが、結果的に各国の合意を得た案は、日本にとって大きなサプライズでした。

発展途上国で債務危機が起きた背景

途上国が国内に不足する資本や技術を国外から導入して経済発展を実現していくのは、至極当然のことであり、むしろ発展のために不可欠とも言えるでしょう。従って、途上国の対外債務がある程度多額になるのは普通のことですし、途上国は往々にして名目成長率が高いため、債務残高のGDP比がそれほど上昇しない例も多く見られます。

では、なぜある国々ではそれが危機となって、他の国々では危機にまで至らないのでしょうか？

第一に、通常、途上国の民間企業が海外の銀行等から資金を直接借り入れるのには限界があり、国家（あるいは国有企業）**が債務者となるか、国家保証を付けるかして、国家の信用力を動員して信用リスクを下げる必要があります。**そこで、借金をするにあたっては、国家財政の将来見通しに基づき、余裕を持って返済できる額にとどめておく必要がありますが、身の丈以上に借りてしまって財政危機に至ってしまう国が、残念ながら多いのです。

第二に、借り入れた資金を有効に活用できているか否かが重要です。将来の発展につながる投資（人材やインフラ）ならよいのですが、往々にして大統領の意向に沿った大プロジェクト[20]や、増税を避けるため単純に財政赤字をファイナンスするような案件が見られ、債務返済のために必要な歳入が得られないまま債務負担だけが残ることになりかねません。

第三に、為替レートが安定しているかどうかです。最近でこそ、自国通貨建てでも海外の投資家から借り入れられる途上国が少数現われていますが、途上国は一般的に外貨建てで借りざるを得ません。返済するまでの間に自国通貨の為替レートが下落してしまった場合には、外貨による借金の返済のため自国通貨をよりたくさん集める必要があります。つまり、自国通貨建てで見たときの実質的な債務負担が上昇してしまうわけです[21]。

なぜラテンアメリカだったのか

2回のオイルショックで大量の黒字を計上した産油国が、入手したドル（オイルダラー）を主に欧州の銀行に預けたので、世界的にドルが潤沢となって、途上国は比較的容易に先進国の銀行からドル資金を借りることができました。しかし、1980年頃から、途上国を取り巻く環境が変化し、債務返済に困る国が次々に現われることになります。

第一の変化は、金利の上昇です。米国のボルカーFRB議長の大胆な利上げ政策により、ドル金利は20％近くまで上昇しました。**第二に、ドル高による、返済負担の上昇です。第三に、一次産品価格の下落です。**途上国の多くは一次産品の輸出に大きく頼っているので、価格下落により獲得できる外貨が減少します。**第四に、先進国**（特に米国）**の不況です。**輸出の減少をもたらすので、ますます外貨獲得が困難になります。

１９８０年代に債務危機に陥ったのは、ラテンアメリカ諸国に限られませんが、国際金融システムに与えた影響から考えると、ラテンアメリカの三大国であるメキシコ・ブラジル・アルゼンチンが震源地です。

なぜ、ラテンアメリカ——特にこれら三国——で、特に激しい債務危機が起こったのでしょうか？

まず、ラテンアメリカ諸国の債務の多くが、短期債務で変動金利だったため、米国の利上げの影響で、利払い費が急速に上昇してしまいました。[22]借金で調達した外貨も財政赤字の穴埋めに使われることが多く、成長の芽となりません。加えて、三ヵ国の経済は、メキ

（20）１９８０年代に、コートジボワールのウフェボワニ大統領は、バチカンの聖ピエトロ教会を模した世界最大の教会を自身の故郷に建設し、国民の生活向上を後回しにしたと批判されました。

（21）為替変動リスクを引き受けて外貨建てで借りざるを得ない途上国の宿命を、キリスト教の教えで人類が誕生以来抱える罪になぞらえて、途上国の「原罪」と呼びます。

シコの原油、アルゼンチンの農作物、ブラジルの鉱物資源等、一次産品の輸出に頼っていたので、価格低下が直撃します。また、インフレによって自国通貨の信認が下がり、国民は自己防衛のために自国通貨をドルや実物資産に交換（資本逃避）するので、ますます自国通貨の為替レートが下落して、外貨建て債務の返済は困難になりました。

さらに、フォークランド（マルビナス）**戦争も挙げられます。**1982年4月から、英国とアルゼンチンが、アルゼンチン沖の島の領有を争った戦争により、アルゼンチンは銀行団への債務返済を停止しましたが、先進国の銀行はアルゼンチン及び周辺の国への新規融資を停止・減額したので、それらの国への外貨供給が滞りました。

外部環境が悪化する中、1982年段階で、対外債務のGDP比はアルゼンチンとメキシコで50％以上、ベネズエラやブラジルでは40％前後と、数年前に比べて数倍にも達し、債務危機は一触即発でした。ラテンアメリカ諸国の負っていた債務の債権者のシェアを見ると、米国の銀行が約35％、欧州の銀行が30％、邦銀が15～20％ですので、ラテンアメリカの債務危機は、米国の銀行危機と裏表だったのです。(23)

1982年8月、メキシコが債務元本の返済不能を宣言したことで、債務危機が幕を開けます。

債務返済が困難な国への対応策

家計で借金返済が難しくなった場合、人々はどのような手段を採るでしょうか？　支出を削ったり、副業収入を増やしたり、場合によっては別な人から当座の返済資金を借りたりするのではないでしょうか？　返済期日を延ばしてもらうことも可能かもしれません。

国家の債務でも基本的な対応は同じです。債務国が債務返済に必要な外貨を調達できないのがそもそもの問題ですから、外貨を捻出するために経常収支赤字を縮小する、輸出や借り入れで新しく外貨を獲得する、債務の返済スケジュールを変更して返済を容易にする、といった手法を組み合わせることが基本です。

債務返済に困った国は、なるべく自助努力でこのような対応を行いますが、自国だけではどうしようもなくなると、ＩＭＦの支援を求めることになります。ＩＭＦは融資の条件として、ＩＭＦの処方する政策（コンディショナリティー）を列記した「調整プログラム」に同意することを求めます。コンディショナリティーは通常の場合、財政・金融の引き締め政策（国内景気を減速させて輸入を減らす）と為替レートの切り下げ（輸出品の価格を下げて輸出

(22) もともとインフレ体質のため、給与や年金等がインフレに連動しており、インフレ上昇がすぐに財政赤字の増加につながりました。
(23) 大手米銀は、資本金を超えるような多額の融資を行っていました。

競争力の回復を目指す）の組み合わせになります。また引き締めによって、通貨への信認を回復して、資本逃避を防ぐ効果も期待されます。

ＩＭＦプログラムの実行は、借り主の信用リスクを下げるので、友好国、国際機関、民間投資家等が新規融資に応じるインセンティブとなります。換言すれば、新旧の債権者にとって、ＩＭＦと債務国がプログラムを組むことが債務返済の担保となるわけです。融資に加え、必要に応じて、返済期間の長期化といった債権債務契約の変更（債務のリストラ）が行われます。

債務国への国際社会の支援は、その国がＩＭＦとプログラムを結んで、そのコンディショナリティーを守ることが大前提です。逆に、その国がＩＭＦとの約束を守れなくなると、ＩＭＦからの融資がストップし、連動して他の貸し主からの資金も止まってしまいますので、債務国は往々にしてデフォルト（債務不履行）に陥ることになります。

メキシコ・アルゼンチン・ブラジルは、それぞれＩＭＦとのプログラムに合意しますが、財政赤字の縮小やインフレ抑制に失敗してプログラムの条件が守れず、３ヵ国ともＩＭＦからの融資がストップしてしまいます。３ヵ国の政策は迷走し、ブラジルは１９８７年、アルゼンチンは１９８９年に債務返済を停止しました。その過程で国民生活は大きな打撃を受けました。**１９８０年と１９９０年の一人当たり実質ＧＤＰを比較**

すると、メキシコでマイナス3%、ブラジルでマイナス6%、アルゼンチンでは驚くべきことにマイナス23%も生活水準が低下しており、この10年間が残した傷跡は明らかです。

債務問題への考え方の進化

例えば企業や家計で借金の返済が滞ると、債権者は最初に何を考えるでしょうか?

おそらく、それが**一時的な資金繰りの問題なのか、より根本的な返済能力の問題なのか**をまず考慮するでしょう。前者であれば、債務者に時間の余裕を与えるため、返済条件の長期化や、担保を取って追加融資をするのが合理的です。もし後者であれば、債権者も一定の損失を被った上で、債務の一部帳消し等に応じるのが一般的です。

他方、「国家は倒産しない」(シティバンク元CEOウォルター・リストンの言葉)というのが、その時点の常識であり前提でした。従って、国家の債務危機は一時的な資金繰りの問題に過ぎない、という確信から出発した上で、その国が今後債務支払いを継続するためにはどのくらいの外貨の流入が必要であり、そのためにはどの程度の緊縮政策と新規融資が必要となるか、という試算を行います。この作業は多くの場合IMFのプログラム策定の過程で行われ、その推計を柱としてプログラムが形作られることになります。

しかし、ラテンアメリカの債務危機に関しては、国家の債務問題は場合によっては返済能力不足の問題として扱わざるを得ないのではないか、という認識を徐々に広げました。もちろん融資を行った各国政府や民間銀行には受け入れがたい考えです。危機に陥った要因には、米国の高金利政策や一次産品価格の変動等、危機国のコントロールの及ばない事情もありましたが、危機国自体のマクロ経済政策に大きな問題があったのも事実ですから、それを棚に上げて債務削減を求められても、債権者として受け入れがたいのは理解できます。一方、危機国の国民に厳しい緊縮政策を強いて貧困を拡大することの倫理的な問題も無視できません。**ある国家について、返済能力がないと断言することは極めて難しいですが、ラテンアメリカの債務危機をきっかけに、少なくとも現実的なアプローチを採るべき場合があるのではないか、との認識が国際社会に広がっていきました。**

いくつかの債務戦略

債務危機の対応に奔走した先進国や国際機関は、危機国それぞれの事情を勘案して、当初は各国ごとにケースバイケースアプローチで対応策を策定していましたが、やがて、包括的なアプローチが提案されるようになりました。

（1）ベイカープラン。米国のベイカー財務長官が1985年10月に発表したもので、**15ヵ国の重債務国**（後に2ヵ国を追加）**を対象に、経済改革を加速させるのと引き換えに民**

間銀行が3年間で200億ドルの追加融資（ニューマネー）**を供与し、世界銀行等の国際機関も3年間に対象国への融資を増額することを約束する、という内容**でした。初の包括的な提案であり注目を集めましたが、すでに個別国の対応の中でニューマネーの供与等が盛り込まれる例もあり、ベイカープランが全体として国際社会で採用されたということにはなりませんでした。

（2）宮澤構想。1988年9月、日本の宮澤蔵相は「宮澤構想」を発表します。それは、**債務国がIMFの構造調整プログラム**（構造改革を盛り込んだ比較的長期にわたる調整プログラム）**を着実に実施していることを条件に、銀行からの債務の一部を証券化して投資家に売るとともに、残りをリスケ**（返済期間の長期化）**するが、その際銀行団の了解の下で金利の減免を含み得る、というもの**でした。これは危機国の債務支払い能力を考慮して、債務返済の負担そのものの軽減に踏み込んだ初めての提案で、極めてドラスティックなものでした。また、債務国は外貨準備をIMFの管理する勘定に移して、債権者に対する担保とする、という工夫も盛り込まれていました。

この提案に対し、米国は激しく反対します。不適切な政策を採り、身の丈以上に借り過ぎた債務国に対して、債務負担軽減のオプションを与えるのは、今後適切な政策を採る意欲を低下させるというモラルハザードを惹起する、という理屈でした。米国の支持を得られなかった宮澤構想は、他国の好意的反応にもかかわらず事実上黙殺されました。

（3）ブレイディープラン。宮澤構想発表の半年後の1989年3月、就任早々のブッシュ（父）大統領政権のブレイディー新財務長官はブレイディープランを発表します。その内容は、**債務国が IMF の構造調整プログラムを着実に実施していることを条件に、債務国に広範なメニューを提示し、その中には債務元本の削減、金利の減免、ニューマネーの供与等を含む、というもの**です。また、債務国は米国のゼロクーポン国債を購入し、それを担保として転売可能な新しい債券（ブレイディーボンド）を発行して旧債務と交換することになっていました。一言でいえば、あれほど批判した宮澤構想をさらに進めたものでした。

ブレイディープランは国際社会に歓迎され、主として米国の中小銀行や米国以外の銀行が新旧債務の交換に応じました。アルゼンチン、ブラジル、メキシコをはじめ、ラテンアメリカを中心に多くの国がブレイディーボンドを発行し、徐々に危機国への信認が回復して、債務危機の大波が静まっていきました。

日本にしてみれば、せっかく出したアイディアを横取りされたような経験でした。しかし、**客観的に見れば、宮澤構想は従来の正統的な考えからほんの半歩先にしか出ていなかったのに比して、ブレイディープランは従来の常識から数歩先の大胆な提案でした。日本**

は、この貴重な教訓を学んで、次の機会には極めて大胆な提案を行うようになります。

危機の残したもの

１９７０年代以降、経常収支赤字国でも容易に対外借り入れが可能になりましたが、その副作用として安易な借り入れも増加しているように思われます。借り入れの形態や債権者の多様化が、こうした傾向を助長しているかもしれません。その結果、現在に至るまで、債務問題は繰り返し発生し、１９９０年代後半のブラジルやロシア、２０００年代以降のアルゼンチン、２０１０年代の欧州諸国等、国際金融システムを動揺させる例も見られます。

（１）銀行融資が主だった１９８０年代と異なり、その後は国債発行による資金調達が通常になっていますので、関係者の数が圧倒的に増加し、債務のリストラの際に債権者の合意を得るプロセスが複雑になりました。

（２）２０００年代後半から、一部の新興市場国が途上国に対して相当規模の貸し付けを行うようになりました。特に中国による貸し付けの規模は群を抜いています。世界銀行によると、２０２０年末時点で、中所得国・低所得国１２２ヵ国（中国自身を除く）が中国に対して負う債務残高は1700億ドルで、2011年の水準の3倍以上に増えました。2018年のデータでは、低所得国72ヵ国のうち51ヵ国で中国が最大の債権者と言われています。[24] 世界銀行のような国際機関や、G7等の先進国は、途上国への融資に当たり、環境アセスメントや社会的弱者への配慮等、種々の条件を付けるのが普通ですが、中国等はこうした条件を付けずに、融資決定までの期間も短いと言われますので、途上国側からすれば、非常に借り易い相手と言えるでしょう。その一方、中国から供与されるローンは、その条件等が非公表のものが多く、債務国の債務負担の透明性が確保されていない問題があります。[25] また中国やサウジアラビア等、新しく債権国としての地位を確立した国は「パリクラブ」[26] に加盟していないため、債権国間の情報共有もスムースではありません。

（3）国家の債務返済能力の判定を客観的に行う目的で、IMFは2001年に、企業の倒産法制に類似した国家の債務再編手続きを提案しました。 つまり、資金繰りの問題か返済能力の問題かの判断を、IMFの場で各国が議論して決めるというアイディアですが、主権国家に対してIMFのような国際機関が一種の司法権を及ぼすことへの反対等が根強く、結局、同提案は放棄されました。そのため、資金繰りの問題か返済能力の問題かの判断は、個々のケースに応じて考えざるを得ない、という状況が依然として継続しています。後のギリシャ危機の際には、ＩＭＦとＥＵの間で、ギリシャの債務返済能力について意見が一致しないことにもなりました。

（４）アフリカを中心とする低所得国が債務返済の負担に苦しみ、それが国民を貧困にとどめている、との批判が１９９０年代末にＮＧＯ等から行われた際には、主要先進国や国際機関は返済能力の有無の議論に深入りせず、ＩＭＦとのプログラムがきちんと実施されていることを条件に、重債務低所得国への広範な債務削減に合意しました。債務負担が軽減したこれら諸国は、その後、主に中国からの借り入れを増やしたため、債務残高のＧＤＰ比が再上昇しています。

途上国の債務は増加を続けています。従来の経験から推察すると、おそらく相当な金額

（24）日本は7ヵ国、サウジアラビアは6ヵ国で最大の債権国となっています（"Putting a Dollar Amount on China's Loans to the Developing World", The Diplomat）。

（25）スリランカは、中国からの債務と引き換えに、ハンバントタ港を99年間運営する権利を中国系企業に供与したと報道されています。

（26）先進国政府はパリクラブというグループを作り、定期的に会合しています。そこでは、特定の債務国からの返済が滞った、といった情報交換が行われると同時に、危機国に対して債務のリストラが行われる場合には、誰も抜け駆けしないように、リストラ条件等を横並びで揃える合意を形成します。

の借金がそれほど効果の高くない目的に使われているでしょうし、一部では汚職も引き起こしているでしょう。借金によって実行されるプロジェクトには、社会的弱者や人権・ジェンダーへの配慮が十分でないものや、地球環境に害を及ぼすようなものもあるでしょう。こうした懸念に実効的に応えるにはどうしたらよいでしょうか？

また、債務の増加は、債務返済が滞るリスクを高めます。幸い現在のところ、主要国の低金利のおかげで外貨建て債務の金利負担が極めて低いため、債務危機にまで至っている国はないようです。しかし、**今後新型コロナ危機からの回復の過程で主要国の金利が上昇していくと、債務返済に困る国が出てきても不思議ではありません。その際、１９８０年代以来主要先進国**（旧来の債権国）**が積み重ねてきた対応策に、中国等の新しい債権国が同意するかどうかは、全く不確実です。**債権国が早い者勝ちで自らの債権への返済を確保しようとすれば、国際協調が失われるのみならず、先進国政府や民間投資家から今後途上国に新規融資を行うインセンティブが下がってしまいます。どうすれば、そのような事態を避けられるでしょうか？

これらの懸念に立って、**G20やIMF・世界銀行は、途上国債務の透明性**（金額、融資条件等）**を高めることを強く訴えています。**また、**途上国のマクロ経済情勢を分析して、どの程度の債務返済リスクがあるかを算定し、公表しています。**まだ十分とは言えませんが、国際社会が一丸となってこうした地道な努力を続けることで、債務危機の発生リスクを低減し、発生しても早期に対応策が採られることを期待するしかありません。

コラム　発展途上国の貧困問題は解決できますか？

貧困の中で暮らす人々は、世界中にどのくらいいるのでしょうか？　世界銀行では、2011年の購買力平価（個々の国の物価水準を考慮した為替レート）で1日1・9ドル未満で暮らすことを貧困と定義しました。これを絶対的貧困と呼ぶこともあります。それは、一国の中で、他の人々に比べて所得が低い人たちを示す相対的貧困と区別するためです。相対的貧困は、国民を可処分所得の順番に並べた際、ちょうど真ん中の人の所得の半分以下の所得しかないことと定義され、先進国にも当然存在し、日本では相対的貧困率が比較的高いと指摘されています。

絶対的貧困層が世界人口に占める比率である貧困率は、1990年には約36％でしたが、着実に低下して2017年には9・3％にまで下がりました。これは国際社会が誇れる、歴史的な進展です。しかし、この劇的な改善をもたらしたのは人口14億人の中国の驚異的な経済発展であり、それ以外の地域での進展は限定的です。たとえば、サブサハラ諸国の貧困率は２０１８年時点で依然として40％を上回っています。その結果、世界の貧困人口の約３分の2がサハラ以南のアフリカ諸国に集中しています。つまり、持続可能な開発目標（ＳＤＧｓ）の第一の目標である貧困の撲滅のためには、アフリカの貧困問題に取り組むことが不可欠なのです。

絶対的貧困を削減するには、その国の経済が発展し、その果実が国民の中の貧困層に及んでいく必要があります。では、どうすれば経済が発展するのでしょうか？

農業の生産性向上のため新品種を推奨する、道路や橋といったインフラを整備する、天然資源開発のため外資を導入する、国民の教育レベル向上のため学校建設を進める、市場を通じた民間活力を活用するため規制を緩和し民営化を進める、政治家や官僚の腐敗を追及する、法制度を改革してビジネス環境を整える、特に女性の起業家に小口融資を供与する等々、様々な提案が学会や政策サークルの議論を経て実行されてきました。それぞれが極めてもっともな提案であり、相応の効果を発揮してきたはずですが、中国のように劇的な変化をもたらした例は、今のところアフリカのサブサハラ地域には見られません。

途上国の側から見ると、多数の人間を一定の所得水準に短期間で引き上げるのは、当面やはり製造業以外には考えられないと思います。従って、サブサハラ地域で製造業を誘致・振興できれば、経済発展が急速に進むかもしれません。

現在、政治的要因やサプライチェーン多様化の要請から「チャイナ＋1」戦略を採る企業が増えています。これまでのところ「＋1」は大体がベトナムやバングラデシュ等、東南アジア・南アジアの中から選ばれているようですが、サブサハラ等アフリカ諸国であっていけない理由はありません。しかもアフリカ諸国は欧州市場に比較的近く、歴史的にも深い関係がありますから、製造業誘致には潜在的な可能性があると考えられます。

加えて、欧州を筆頭に主要国が気候変動対策に真剣に取り組んでいる中、製品の研究・設計をする方が、製造をするよりも温室効果ガスの排出が低いので、気候変動に真剣な先進国は、ますます製造業を海外に依存するはずです。

他方で、中国に比べてサブサハラ地域が不利な点は、第一に中国と違って多くの国が分立しているため、統合的な戦略を作るのが難しいことでしょう。中国ではまず深《しん》圳《せん》に経済特区を作ってそこを自由化の拠点としましたが、サブサハラ諸国の中で、ある一国の一地域を選んでそこに人的・経済的資源を集中するような決定は、該当しない国にとってなかなか受け入れがたいでしょう。といって、一つの国だけでは、中国が供給した10億人を超える労働力を動員することは不可能です。第二に、アジアでは域内にすでに工業化に成功したロールモデルが多々存在しました。いわゆる「雁行モデル」です。しかし残念ながら、サブサハラ地域では、他国が真似できるような成功例がないのが実情です。

もちろん、製造業の誘致と言っても、地理的条件や歴史的制約等もあり、中国モデルをそのまま輸入すればいいというような単純な話ではありません。中国を含め、他の途上国も潜在的ライバルです。残念ながら、サブサハラ諸国の経済発展・貧困撲滅は、簡単な道のりではないのです。

最後に、サブサハラ諸国などの国々が貧困を削減していくことに反対する人はいませんが、そうして世界中の人間がより豊かになった未来には、どのように資源や環境を守り食料や資源の不足を防ぐか、一層進展するグローバリゼーションの中でどのように感染症などのパンデミックを防ぐのか、増加するであろう経済的対立や政治的紛争をどのように予防し解決できるのか、といった新たな問題で人類の叡智が試されることになるでしょう。

第6の危機　アジア通貨危機とは一体何だったのか？
――サドンストップ、パニックの伝播、アジア通貨基金

世界をリードしようとした日本

１９９０年代、日本はバブル崩壊の後遺症に苦しむ一方、クリントン政権下で一層激化した日米貿易摩擦への対応にも追われました。円高が強烈に進んだ結果、円ドルレートは１９９５年４月に１ドル＝79円台をつけ、日本経済は大きく傷つきました。日本企業は、輸出競争力を維持するため、アジア諸国を中心に拠点を設けて海外生産を進めます。邦銀も、アジア地域への融資を拡大していきました。そうした中でアジア危機が起こり、当事者のアジア諸国はもちろんのこと、日本経済も大きな影響を受けました。ラテンアメリカ諸国の債務危機に米国が主体的な役割を果たしたように、**日本はアジア危機解決に向けて、国際社会をリードしようとします。**しかし、日本の考えは、**市場原理を信奉する当時の正統的な考えを打ち崩すことができませんでした。**

サドンストップ

通貨危機は、為替レートが暴落することで発生します。政府・中央銀行は、固定レートを防衛するため（あるいは、変動レートであっても変動幅を小さくするため）に為替市場で外貨を売って自国通貨を買い支え、金利を引き上げて自国通貨への信認を維持しようとします。こうした防衛策が奏功すればよいのですが、往々にして外貨準備が枯渇して防衛をあきらめざるを得ないことになりがちです。通貨危機に見舞われた後には、国民がインフレ・失業・景気後退等に直面することが通常です。

こうした通貨危機をもたらすのは、その国の通貨を売って外貨に交換しようとする大きな動きです。従来その国に投資をしていた海外投資家が資金を回収する場合や、投機的なプレーヤーが空売りを繰り返して、レート暴落後に買い戻して巨利を狙う場合、また国民自身が資金を海外に持ち出す場合（資本逃避）等が考えられます。

海外投資家からの資金の流れが、突然激減したり逆流したりすることをサドンストップと呼びますが、そのようなことは、どうして起こるのでしょうか？

資金を受けていた国で政変があったとか、インフレが加速して国内経済が混乱したといった場合、海外投資家がその国から資金を引き上げるのは、ある意味当然のことでしょう。他方で、**その国の抱える問題がそれほど大きくないのに、投資家が自らの判断で資金**

を引き上げる場合もあります。しかも、A国が危機になったので近隣のB国も危ないのではないかとの連想で、B国からも資金を引き上げるというパニック的な行動が発生してしまうと、B国にとってはお手上げです。資本移動に主導されて、あたかも伝染病のように、危機がA国からB国に伝播してしまうわけです。

メキシコ：1994年12月〜

メキシコの通貨危機（テキーラ危機）は、投資家の動きによって生じたタイプの最初の危機と言われました。というのも、危機に至るまで、メキシコは経常収支赤字を上回る外国資本の流入を得て、外貨準備が順調に増加していたからです。ただし、メキシコの経済政策が適切であったかと言えば、そうではありません。1990年代前半の経常収支赤字がGDP比5％前後と大きく、インフレ率も米国よりずっと高いにもかかわらず、通貨ペソはドルとペッグ（固定）されていました。[27] 財政支出の拡大は止まらず、財政赤字は、実質的にドル建ての国債を海外投資家向けに大量に発行して穴埋めしていました。経済の

(27) 1990年前半、米国のインフレ率が年率3〜4％のときに、メキシコでは10〜20％でしたから、本来はペソがドルに対して下落するべきでした。

土台がそのように脆弱なので、政治的混乱（大統領候補の暗殺）をきっかけにペソへの信認が低下したことで、強烈なペソ売りアタックと資本逃避に見舞われたのです。二日間で外貨準備は半減し、当局はペソ防衛をあきらめてフロート（変動相場制）に移行したので、一週間でペソの価値は約50％も暴落してしまいました。

危機に対処するため、IMFの調整プログラムとそれを補完する国際的な支援パッケージ（総額500億ドル）**が米国を中心に組成され、為替レートの下落は数ヵ月で底を打ちました。**しかし、インフレと不況で一人当たり実質GDPは1年間で約8％低下し、最貧困層は人口の7・5％（1994年）から18・1％（1996年）に跳ね上がってしまいました。

海外投資家が資本を引き上げたことで、これほど急速に壊滅的な為替の暴落が発生したのは、大きな驚きであり、当時IMFの専務理事だったカムドゥシュはこうした状況を「**21世紀型危機**」と呼びました。規制緩和等で国境を越えた資金の移動が容易になったことが、その背景にありました。実際メキシコも、1994年1月の北米自由貿易協定（NAFTA）発効や、1994年5月の経済協力開発機構（OECD）加盟を受けて、資本の自由化や金融サービスの開放を促進し始めたところでした。

アジア危機

メキシコの危機は、その後に起こったアジア危機の前触れでした。

東南アジア各国もメキシコ同様、対ドルの為替レートを事実上固定した上で、海外からの投資を呼び入れる政策を採っていました。また、1980年代後半の円高に対応するため、日本企業が海外生産拠点として東南アジアを選んだことから、輸出主導の発展を謳歌しました。後に危機に陥るタイ、インドネシア、マレーシア、韓国は、いずれも1990年代前半に高成長を続けており、絶好調と言える状況でした。

たしかに危機の直前には、日本企業が次第に、より低コストの中国へと生産拠点を移したことや、米国が「強いドル」政策に転じてアジア諸国の通貨もドルとともに上昇した一方で、中国が元の公定レートを大幅に切り下げたことから、徐々に輸出競争力に陰りが生じていました。また、メキシコと異なりほとんどの国で財政は黒字でしたが、経常収支は大幅な赤字(28)でしたので、脆弱性を抱えていたことは否定できません。それでも、大規模な危機を予想した人は皆無でした。

危機に対応するため、IMFを先頭に国際社会が支援の手を差し伸べます。しかし、

(28) タイではGDP比約8%、マレーシアでは約10%にも達していました。

当時は市場の力を信奉し、自由化を優先する考え方が主流であったため、支援の条件もそれに沿ったものとなりました。すなわち、**それぞれの経済構造の「歪み」を正して、規制緩和や自由化を進めれば、投資家の信認が高まって資金が戻ってくる、という論理が強く打ち出された**のです。日本は、危機の際にはまず消火に努めるべきで、時間のかかる構造改革は危機が収まってからにするべきだと指摘し、改革についても自由化が常に最適解とは限らないと主張しましたが、少数派でした。

ここでは、危機の及んだ中で比較的大きな国であるタイ、インドネシア、韓国について危機の概要を説明した上で、なぜこれほど大規模な危機がアジア地域で続発したのか、考えてみます。

タイ：1997年7月～

タイでは、国内よりも規制を緩和したオフショア金融市場を通じて海外から流入した巨額の資金で、不動産市場がバブル状態となった後に崩壊したため、ノンバンク[29]の不良債権増加に注目が集まっていました。そうした中、タイ・バーツ売りの投機的アタックが行われます。中央銀行はバーツ防衛のため市場介入しますが、先物市場で大量のドル売りを行って外貨準備がほぼ枯渇したため、7月2日にバーツのフロート移行（固定相場の放棄）に追い込まれました。発表直後から、バーツは底なしに下落し、1998年1月までの半年間で、バーツの価値は対ドルで半分になってしまいました。

この危機に緊急に対処すべく、メキシコ同様、IMFのプログラムと国際的支援パッケージが組成されました。アジアの友好国ということで、日本が多額の支援を表明している一方、米国が支援に参加していないことが注目されます。テキーラ危機の際に、米財務省が議会の了解を待たずに為替安定化基金（外貨準備）を用いて支援を行ったのが批判されたため、今回は躊躇したのだと言われています。

IMFプログラムの融資条件は、伝統的な国際収支危機に対応するもの、すなわち緊縮政策でした。通常、大きな経常収支赤字を抱える国は財政支出のコントロールができていないことが多く、メキシコの危機でもそうでした。しかしタイは、危機までの10年間にわたって財政黒字を計上していたので、経常収支赤字の原因は他に求めるべきでした[30]。具

(29) 銀行免許はないが、住宅ローン等の銀行業以外の金融サービスを提供する会社。
(30) 1997年は財政赤字が見込まれていましたが、景気減速からくる歳入不足が原因であり、財政支出をコントロールできない状況にあったわけではありません。それでも景気が急速に悪化している中で財政引き締めを行ったため、景気はさらに悪化します。IMFはこの誤りに気付いて、数ヵ月後に小幅の財政赤字を認めることに修正しました。

体的には民間部門の過剰投資です。

支援パッケージの最大の問題は、支援総額が、危機を乗り切るのに必要な金額に達していないことでした。先物のドル売りポジションが234億ドルに上り、さらに短期民間債務が300億ドル以上あることが明らかになったことで、172億ドルの金融支援では当面の外貨支払い必要額に対して不十分であることが白日の下に曝されてしまいました。不安になった海外投資家が、資金回収に一層励むのは、やむを得ないことでした。

インドネシア：1997年10月～

危機前のインドネシアの経済状況はタイよりも良好でした。経常赤字のGDP比はタイの半分以下で、財政も黒字であり、既にタイ危機の直後にフロート制に移行していたため、通貨ルピアの下落に対しても、固定レートを防衛しようと外貨準備を枯渇させる必要はありませんでした。それでもタイ危機後にルピアの為替レートが徐々に下落したため、インドネシア政府は、念のためIMFプログラムを導入して信認を高め、投機筋からのアタックを予防しようとします。ところが、**厳しい内容のIMFプログラムに合意してしまったため、それが遵守できないことでかえって投資家の信認を失い、命取りになってしまいました。**

ＩＭＦの融資条件で大きな問題となったのは、経営難に陥った小規模な銀行**16**行の閉鎖です。**金融セクターの改革自体は望ましかったのですが、**一般的な預金保険が存在しない状況で閉鎖を強行したのは失敗でした。**16行以外の預金者が、自分の取引先の銀行も閉鎖されたら預金が保護されないのではないか、との不安心理に駆られることを想定していなかったのでしょう。その結果、他行でも取り付け騒ぎが発生してしまいました。

他方、**国際的な支援パッケージを見ると、各国からの支援**（今回は米国も参加しました）**は「第二線準備」と位置付けられました。**その含意するところは、第一線である国際機関からの資金（及びインドネシア自身の資金）を投入してもルピア売りアタックが沈静化しなければ、各国からの資金を投入する、ということですが、そうなると実際の資金支援額がいくらになるのかが不明確です。インドネシアが当面得られる外貨支援の額が確定していなければ、投資家が安心して資金をルピアにとどめておくのは難しかったと思われます。実際、ＩＭＦによれば、１９９７年第４四半期と１９９８年第１四半期の６ヵ月間で、民間資金はＧＤＰ比約25％の流出（４００億〜５００億ドル）となった一方、公的資金の流入は５％程度にとどまったと推計されています。

ＩＭＦプログラムと国際支援パッケージの策定にもかかわらず状況が安定しないこと

から、スハルト政権とＩＭＦの意見の違いが表面化し、それにつれてルピアへの信認はますます低下していきます。１９９８年1月には、予算案とＩＭＦの経済見通しの齟齬を材料に、一日でルピアが25％も暴落したほどです。

ここに至り、投資家からの信認の回復には劇的な市場自由化措置が必要との主張が米国を中心に強まり、ＩＭＦプログラムはその方針に従って改定されました。具体的には、スハルト大統領の子息や友人が利益を得ていたクローブ、合板、紙、セメント等の流通独占の廃止が盛り込まれたのです。投資家は自由な競争市場を求めており、権力者の取り巻きが寄生的に経済を牛耳って大金持ちとなっている「クローニー資本主義」の構造を改めないと、投資家が戻ってこないという主張でした。たしかに原理はそうでしょうが、インドネシアのそうした寄生構造は、危機が起こるまでも長期間にわたって存在して周知の事実であったにもかかわらず、以前は問題なく大量の資金が流入していた事実との矛盾は説明されませんでした。

改定プログラムの署名式では、ＩＭＦのカムドゥシュ専務理事が腕を組んでスハルト大統領が合意文書に署名するのを見下ろしている写真が世界中に配信されました。良し悪しは別として、これまでの経済運営の在り方を劇的に変えて自由化しようとするプログラムですから、まるで降伏文書にサインさせているようだと、アジア諸国で怒りの声が上がったのももっともでした。

投資家の信認回復のために構造改革の条件を呑んだインドネシア政府ですが、難しい改革ほど実現に時間がかかるものであり、国内からも反対派の突き上げが出てきます。その結果、政府は構造改革をやる気がない、やる能力がないとの印象が広まりました。政府もIMFプログラムの枠外で危機解決を模索する等したため、信認は一層低下し、ルピア売りの投機も継続します。補助金削減による物価上昇が庶民の暴動を招く等、国内が混乱した挙げ句、スハルト大統領は1998年5月に退陣を余儀なくされました。

1998年の実質GDP成長率はマイナス13％に達し、最貧困層は人口の44％（1996年）から63％（1998年）へと上昇しました。

韓国：1997年11月～

韓国では、1990年代から国境を越えた資金の移動が徐々に緩和され、1996年にOECDに加盟したこともあり、金融市場の自由化も進めていました。ちょうどメキシコと同様に、短期の投資資金が容易に出入りできる状況となっていたのです。

そこで韓国の銀行は、外貨建ての短期資金を調達して国内で長期融資を行うビジネスモデルをとっていました。調達が短期ですから、頻繁に債務を返済しなければならない一方、融資は長期なので手許に債務の返済資金がありません。結果として、**債務の返済時期が来るたびに同額の資金を借り換える**（ロールオーバー）**方式を採りました。**

ところが、タイ危機の後、海外投資家（主に銀行）**は短期資金のロールオーバーを拒否して資金を引き上げ始めます。**たしかに韓国の景気は減速を始めていましたが、それでも実質GDPは6〜7％で成長し、財政も均衡していました。経常収支は1996年こそGDP比4％の赤字ですが、それ以前は1〜2％程度です。つまりマクロ経済環境は、決して悪くありません。

では、どうしてサドンストップに見舞われてしまったのでしょうか？　表面的には、その頃いくつかの財閥が倒産したことから、企業統治（コーポレートガバナンス）の在り方や、銀行の不良債権に注目が集まっていたので、投資家が韓国経済の将来展望に不安を持ったという説明も可能でしょう。しかし、**どちらかと言えば、タイやインドネシアの危機に直面した投資家がパニック的に資金を引き上げ、それに便乗して投機筋がアタックを仕掛けたとみる方が、真実に近いと思われます。**[31]

きっかけはどうであれ、**サドンストップによる外貨流出の穴埋めに、中央銀行が外貨準備を大量に国内銀行に供給したことで、本当に外貨繰りの危機になってしまいました。**

１９９７年末の時点で、自由に使える外貨準備は91億ドルまで減少した一方、銀行部門の抱える短期債務は４９２億ドル、経済全体では６３８億ドルに上っていたからです。

万策尽きた韓国は１９９７年11月にＩＭＦに支援を求めます。ＩＭＦのプログラムは、定型の緊縮政策に加え、金融セクターの監督強化といった改革、コーポレートガバナンスの透明性向上、貿易自由化等を盛り込んでいました。これを補完すべく、多くの先進国が資金支援をコミットしますが、インドネシアの時と同様、その位置付けは「第二線準備」とされ、実際に外貨がどのくらい流入するかはっきりしませんでした[32]。

１９９７年12月、Ｇ７は声明を出して資金支援の前倒しを表明するとともに、海外の銀行に対して短期融資の引き上げを１ヵ月間猶予するよう強く要請しました。１ヵ月の間に交渉が成功し、韓国の銀行が抱える短期債務のほとんどが長期化されたため、資金流出が止まり、頻繁なロールオーバーの必要性もなくなりました。年末に底を打ったウォンの対ドルレートも回復して、１９９８年春頃からは安定するようになりました。

（31）韓国国民は、経済や金融の状況が悪化しているという認識を持っていなかったため、政府がＩＭＦ支援を求めたことを聞いて驚いたそうです。ＩＭＦが来たことが危機の始まりと意識されて、現在でも韓国では「ＩＭＦ危機」と呼ばれています。
（32）韓国では国民が自発的に金の指輪等を供出し、その売却収入も外貨資金繰りを助けました。

なぜアジア危機が起こったのか

改めて、なぜアジアでこれほど大きい危機が次々と起こったのか、考えてみましょう。

アジア諸国のマクロ経済の基礎（「ファンダメンタルズ」と呼ばれます）は、硬直的な為替政策、資本流入に依存する開発戦略、金融セクターの不良債権、透明性の欠如等の問題を抱え、さらに国によってはかなり大きな経常収支赤字を記録していました。海外投資家がこれらを問題視して資金を引き上げたり、資金をとどめる代わりにより高い金利を要求したりするのは、十分に合理的な行動です。しかし、これらの問題は、例えばメキシコなど他の新興市場国と比較して、特にひどいというわけではなく、しかも危機前からずっと存在していたものですから、投資家が急に問題に気付いて多くの国から一斉に資金を引き上げた、と解釈するには無理があります。

また、過去の経験から見ると、米国の金利や株価が上昇した際に、投資家が資金を米国に振り向けるために、サドンストップが生じることがあります。しかし1990年代半ばには、米国の金利は安定しており、ニューヨーク市場の株価上昇は継続的で、株式投資の魅力が突然高まったようには見えません。

こうしたことから、**ファンダメンタルズに比較的大きな問題があったタイが大きな混乱**

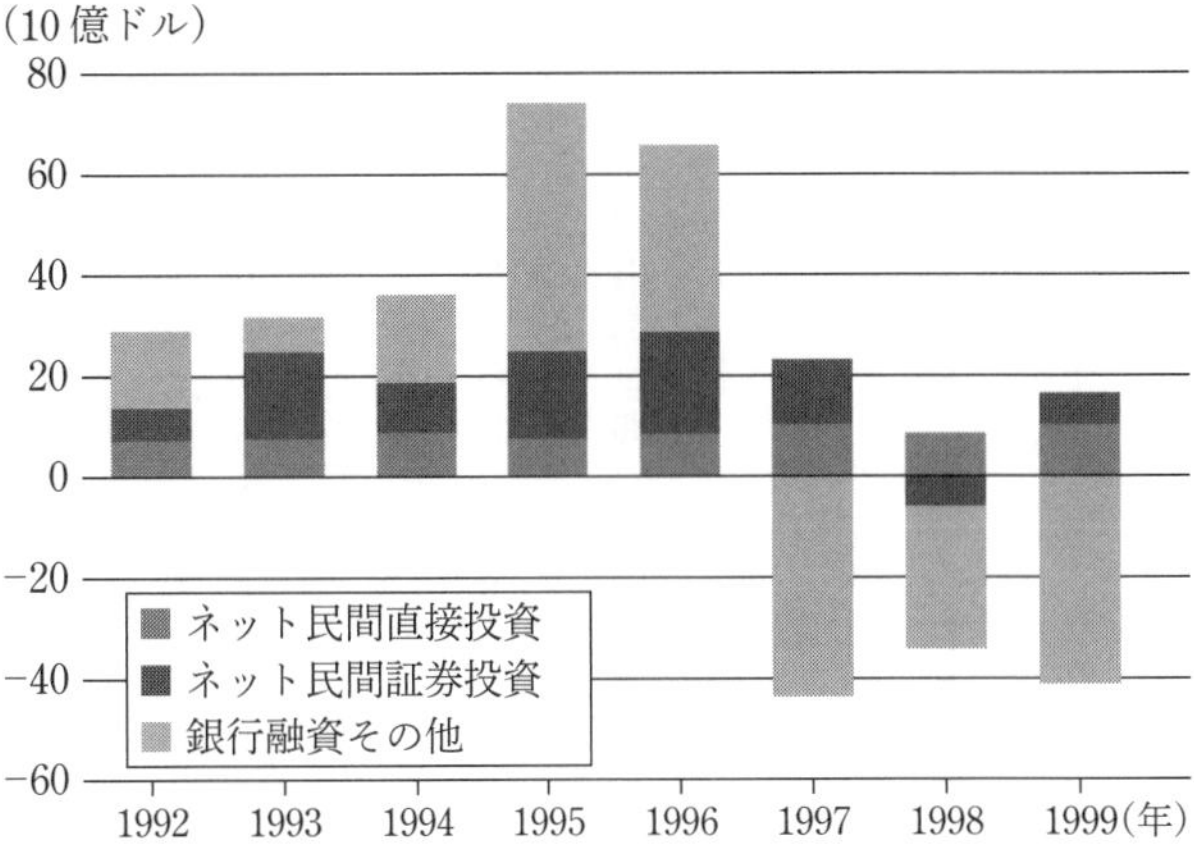

民間資本流入の内訳（インドネシア、韓国、マレーシア、フィリピン、タイ。出典：IMF）

に陥るのを見て、アジアの他の国や地域にも同じようなリスクがあるのではないか、と連想した投資家が群集心理に駆られてパニック的に資金回収に向かったことと、それを好機と見たヘッジファンド等の投機的なプレーヤーがアタックを仕掛けたことの両者が相乗的に働いて、「取り付け騒ぎ」が次々と発生した、と考えるのが自然だと思います。[33] パニック的に発生した危機ですから、事前に想定していた人がいなかったのも、無理はありません。

実際、危機の前後を通じてアジア諸国への直接投資の金額は減っていませんので、実際のビジネスの観点からはこれらの国は引き続き魅力的だったことが分かります。他方で債券投資や株式投資は1997年に急激に減少し、また銀行も新規融資でなく債権回収に走っている等、投資家がパニック的に反応している状況を示しています。

　加えて、ＩＭＦの対応が危機を拡大させていった側面も否定できないでしょう。それは**第一に、ＩＭＦのプログラムが伝統的な緊縮政策に傾いていたためです。**財政赤字が経常収支赤字の原因になっていなかったにもかかわらず、財政緊縮が投資家の信認回復に不可欠だ、という前提でプログラムを作ってしまいました。実際に必要だったのは、投資家が資金を回収するのに十分な外貨の手当てがあることを示して、投資家のパニックを鎮めることだったのです。

　第二に、市場原理の強化と自由化を重視して、それに沿った構造改革を性急に求めたことです[34]。たしかに、アジア諸国の経済構造には不透明なところがありましたし、政治との癒着等、正すべきところがあったのは事実です。しかし、そのような改革をしなければ投資家の信認は戻ってこないとの前提には疑問がありましたし、良し悪しは別として、長い間に形成されたそのような仕組みを、危機が燃え盛っている最中に一挙に改めようとするのは非現実的でした。日本は、難しい融資条件をつけたがために、国内調整の遅れが政府の改革意欲の不足と見られて、かえって市場の信認を低下させ、危機の収束を遅らせたと厳しく批判しました。ＩＭＦとのプログラム締結自体が状況悪化の原因となりかねない、との日本の意見に対し、アジア諸国からは賛同の声が聞かれましたが、市場原理を重視する国際世論の前では多勢に無勢でした。

その意味で、やはり危機に見舞われたマレーシアの例は極めて興味深いものです。マレーシアは、タイ危機の直後に通貨リンギットをフロートに移行してレートの下落を容認した後、1998年9月にリンギットをドルに再度固定させた上で、資本規制を導入しました。これは、投資家や投機筋が海外に送金するのを、いわば実力で阻止する措置であり、ワシントンコンセンサスに逆行するものです。当然、米国政府やIMFはマレーシアを強く非難しましたが、マレーシアはIMFから融資を受けていなかったため、IMFとしては手が出せませんでした。日本は、マレーシアの成功を好例として、「資本規制が常に正しいわけではないが、資本規制が有用な場合も認めるべきだ」と主張しました。

（33）ヘッジファンドは既に1992年に欧州通貨間の固定相場を守れないと見込んで、英国のポンドとイタリアのリラに対する大量のアタックを仕掛け、巨額の利益を出しました。アジアでその再現を狙ったものと思われます。

（34）当時の経済学界の主流に従い、米国政府やIMFは市場原理の徹底のために自由貿易、規制緩和、資本自由化を強く推し進めていました。こうした考えは、米財務省とIMF・世界銀行の所在地から「ワシントンコンセンサス」と呼ばれました。

危機の残したもの

タイで始まった危機は、燎原の火のごとく次々と域内の国々や地域に広がり、人々は景気後退、失業、金融システムの動揺等に苦しみました。当然、アジア諸国を生産拠点や輸出先としていた日本企業や、融資先を抱えていた邦銀にも大きな影響が及んだ結果、バブル崩壊後の低迷から回復しつつあった日本経済の新たな足枷となりました。幸い、アジア諸国は折からのＩＴブームに乗って、数年で輸出主導の回復を果たしましたが、日本は銀行危機の発生もあって、停滞がさらに長期化することとなりました。

国際金融システムの観点からは、サドンストップを防止するためにどのような改革が必要か、という議論が行われました。

（1）自分のお金が口座から引き出せないと心配した預金者が銀行に押し掛けて、手遅れになる前に預金を引き出しておこうとするのが取り付け騒ぎですが、預金者はどうすれば安心するでしょうか？　その銀行は大丈夫ですよ、という言葉だけでは不十分で、銀行に十分なお金があって、預金者の引き出しに完全に対応できることが具体的に示されたときのはずです。実際、取り付け騒ぎになると、大量の現金を預金者の見えるところに積み上げるのが通例です。同様に、パニック的なサドンストップに対しては、国際社会から十分

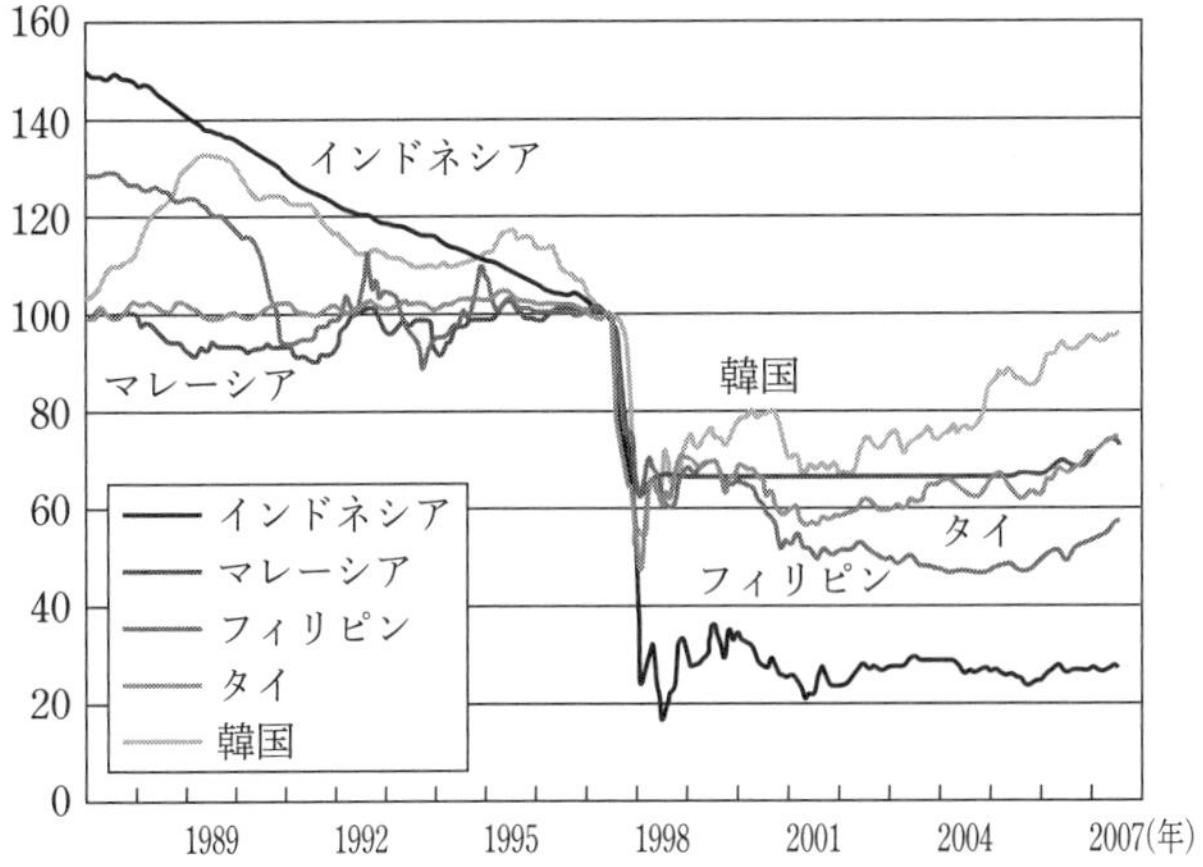

アジア諸通貨の対ドルレートの推移（1997年6月＝100、出典：ブルームバーグ、IMF）

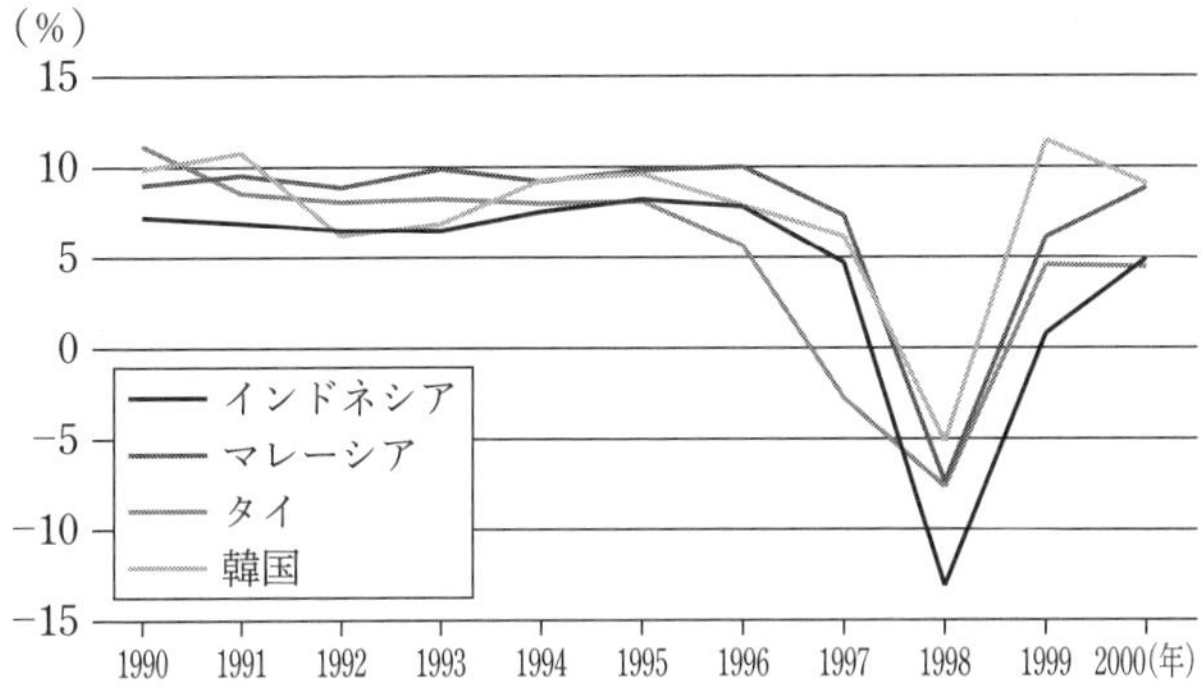

実質GDP成長率（出典：IMF）

な額の支援が供与されるから、慌てて投資を引き上げなくても大丈夫だ、と海外投資家に思わせることが有効でしょう。

そこで日本は、パニック的な「取り付け」の再発を防止するため、ある程度の資金を近隣国でプールしておいて危機時には緊急に資金支援を行う「アジア通貨基金」の構想を打ち出します。十分な外貨があることを早急に海外投資家に見せることが目的なので、当初は危機国の緊縮政策や構造改革を条件としません。しかし、**ＩＭＦの存在意義を低下させてしまう、経済構造の歪みを温存させるのは不適切だ、地域的な対応でなくグローバルな対応とすべきだ、といった理由で米国、ドイツ、また中国等が反対した結果、日本の大胆な構想は日の目を見ませんでした。**

（2）ただし、アジア域内で何らかの資金融通の仕組みを作るという基本的な考えはアジア各国の賛同を得ていたので、**アジア通貨基金をトーンダウンした形で「チェンマイイニシアティブ」という仕組みが構築されました。**これは、普段から域内諸国が互いの経済状況等をモニターしておき、危機時には最初に少額のみをＩＭＦの関与なしに支援するというものです。それ以上の金額が必要な場合は、原則に従ってＩＭＦプログラムを導入する必要があります。

（3）ＩＭＦの中でも、ファンダメンタルズに特に大きな問題がないと評価されていた国に危機が伝播した場合、早急に大量の資金を供与して投資家の不安心理を抑えることは有効だろう、という議論が広まりました。その結果、**事前に健全性を認めた国が危機に陥った場合、融資条件を簡便にして迅速に大量の資金を支援できるような新しい融資制度が設けられました。**また、**金融セクターが脆弱なうちに自由化を闇雲に進めるのは危機のリスクを高めるとして、「資本自由化の際は改革の順番に留意する必要がある」との見解を打ち出しました。**あれほど批判していた**資本規制についても、「適切なマクロ経済政策が採られている場合、資本移動の管理に意味がある場合がある」と容認しました。**こうして「**ワシントンコンセンサス**」は、**危機の経験によって、少しだけ現実的な方向に修正されました。**

（4）他方で、投資家にサプライズを与えるとパニックを引き起こしかねないとの観点から、**新興市場国の経済・金融データの透明性を向上させることが世界的な課題となりました。**また、金融規制の強化や、ヘッジファンドの扱い方等についても議論が行われましたが、そのような議論の場には新興市場国の代表もいた方が望ましいので、先進国だけのG7とは別に、**新しく20ヵ国蔵相・中央銀行総裁会議**（G20）**を創設しました。アジア危機後の改革は、国際金融システム**（土台）**そのものの改変ではなく、システムの機能を向上させるための改革であるとの趣旨で、「アーキテクチャー**（建築）**改革」と呼ばれました。**

アジア通貨危機は、それまで好調の経済であっても、突然大波に呑まれ崩壊する可能性があることを示しました。といっても、今さら国際金融の時計の針を戻して、国境を越えた資金の流れを制限したり禁止したりすることは不可能です。資金の自由な移動が認められなかった最後の時代は、第二次世界大戦直後にドル不足で貿易もままならなかった時代です。そうした環境に戻ることを、ほとんどの人は望まないはずです。

アジア通貨危機後、**現在までのところ、特定の新興市場国から資金が流出して為替レートが下落するような例は依然として散見されるものの、通貨危機が次々伝播するような例はないようです。アーキテクチャー改革の成果かもしれません。**

一方、投資家が、国内の特定の金融機関からパニック的に資金を引き上げる行動については、国際的な改革の視野の外でした。国内金融セクターの話として、各国の金融監督当局に任せられていたのです。ところが、**世界的影響力の大きい米国の金融セクターで金融機関同士の「サドンストップ」が生じると、国際金融の危機となってしまいます。**次の危機は、まさにそのような姿を採りました。

コラム　固定相場制が守れないのはなぜですか？

経済学者のロバート・マンデルは、（1）各国間の資本移動の自由、（2）各国の為替レートの安定（固定相場制度）、（3）各国独自の金融政策――この三者を同時に満たすことはできない、という有名な議論を展開しました。これを「国際金融のトリレンマ」ないし「不可能な三位一体」と呼びます。

例えば、（ア）A国が資本移動に制限を設けず為替レートを対ドルで安定させようとすると、米国と自国の金利政策を整合させていく必要があります。米国が利上げをしたのに自国が動かなければ、資金は米国に移動しますので自国通貨が対ドルで下落して為替の安定は図れません。（イ）為替レートを安定させたまま、自国の事情に応じた金融政策を追求するのであれば、米国との金利差に反応して資金が流出入して為替レートを動かさないように、資金移動を制限する資本規制をかける必要が出てきます。（ウ）そして、金融政策のフリーハンドを維持したまま資本移動も自由にしておきたければ、為替レートの変動も容認しなければなりません。

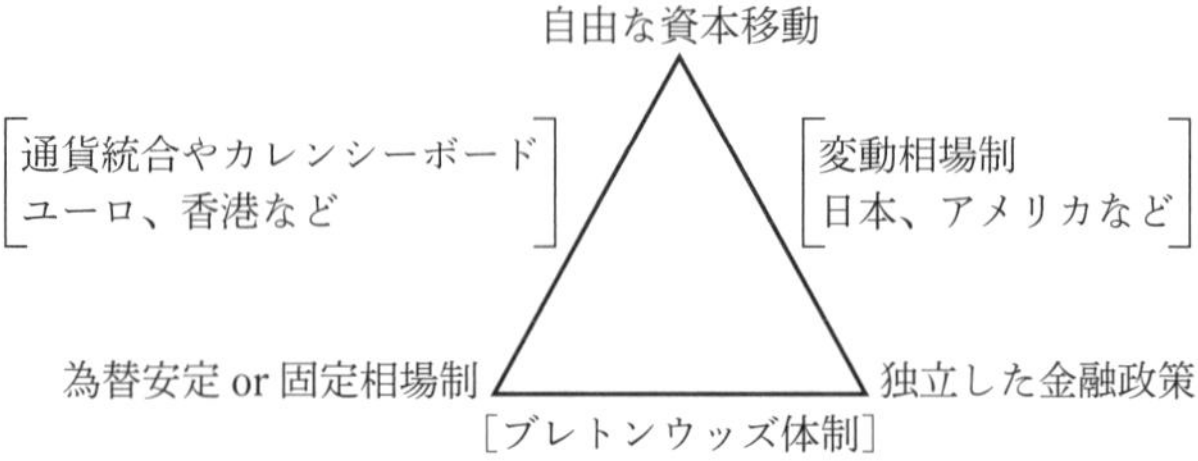

国際金融のトリレンマ（ロバート・マンデルのモデル）

具体的には、多くの国が主要な貿易相手国等との為替レートを安定させるために、（ア）の道を採っています。米国やかつての西ドイツの中央銀行が政策金利を上下させると、周辺国等が一斉に追随しました。これを突き進めると、固定相場制やカレンシーボードといった形で為替の安定を制度化することになりますし、さらに進むとユーロのような単一通貨になります。他方で、アジア危機当時のアジア各国では、ドルとの為替レートを安定・固定させた上で、資本の自由な移動を推進し、しかも独自の金融政策は放棄していませんでしたので、危機は起こるべくして起こったと言えます。危機を経て多くのアジア諸国は為替レートの柔軟性を高めます。

（イ）はかつてのブレトンウッズ体制が典型です。ただし、戦後しばらくして各国が資本の自由化を進め始めると、固定相場制の維持が難しくなりました。現在の人民元は、制度的には市場の需給動向を考慮して毎日レートが発表される形をとっていますが、為替レートを完全に市場に任せているわけではありません。それが可能なのは資金移動をすべて自由化していないためです。

そして、現在ドル、ユーロ、円、英ポンド等の主要通貨は相互に変動して、（ウ）の状態にあるのが分かります。

非常によくできたモデルですが、これは**短期的な動きを説明するというよりも、金融政策・為替レート・資本移動という必ずしも同一レベルではない三者の大局的な関係性を捉えたところにその普遍的な価値があり、当局者・市場関係者を問わず、大切な指針として重視しているものです。**

第7の危機　米国発金融危機はなぜ起こらなかったのか？

――ヘッジファンド、質への逃避、FRBの介入

危機解決の「成功」

サドンストップと投機筋によるアタックが国単位で起こったのがアジア通貨危機でした。国際社会は、危機国の破綻（債務不履行＝デフォルト）を避けるために、支援を行い、国際金融システムの機能強化を目指して改革を図りました。

ところが、投機的なプレーヤーの一つである、ＬＴＣＭ（ロングターム・キャピタル・マネジメント）というヘッジファンドが、相場の読み違いにより、突然破綻の瀬戸際に追いやられます。このままでは、取引相手の金融機関にも大きな損害が及んで、金融システムが動揺する恐れがありました。取引相手は主に米国の金融機関ですが、欧州の金融機関もかなり多額の取引をしていますので、ＬＴＣＭの破綻は世界中に波及し、世界経済を恐慌に陥れかねません。債権を抱える金融機関が損失を避けようとすると、最悪の場合、金融機関同士の「取り付け騒ぎ」になってしまいます。

国レベルの通貨危機が、一国の金融セクターのレベルに縮小されたＬＴＣＭ危機は、

米国の金融当局が異例の措置を採って封じ込めました。しかし、その成功体験は、10年後の「リーマンショック」では通用しませんでした。世界経済の崩壊が現実的可能性として出現した「リーマンショック」を解読する前に、LTCM危機解決の「成功体験」を見ておくことが有意義だと思います。

ヘッジファンドの隆盛

一般に、少数の富裕層や機関投資家を顧客として、投資やリスク管理に先進的な手法を用いつつ、レバレッジ（借り入れ）**で運用資産を嵩上げして高リターンを目指すような投資ファンドを「ヘッジファンド」と呼びます。**その歴史は意外に古く、1920年代に初期のファンドが現われたとも言われます。しかし、一世を風靡《ふうび》したのは1990年代です。1992年に大量の空売りで英ポンドのペッグ崩壊（欧州諸国間の為替レートを固定する取り極めからの脱退）をもたらしたジョージ・ソロスは、巨額の利益を得たのみならず、イングランド銀行（中央銀行）を屈服させた男として、ヘッジファンドの実力を世に知らしめました。

　ヘッジファンドは、一般大衆を顧客としていないので、比較的緩い金融規制が課せられていました。富裕層や投資のプロは、リスクを十分に理解した上でヘッジファンドに運用資金を預けているはずだから、通常のような投資家保護の対象とする必要はない、との判断でした。そのため、ヘッジファンドの投資戦略や負っているリスク等は公開されず、謎の多い存在でした。マレーシアがリンギット売りのアタックを受けた際にマハティール首相（当時）がヘッジファンドを非難したのは、まさにこうした不透明性に守られて利益のみを追求する投機筋、というイメージが強かったからでしょう。

「ドリームチーム」の投資戦略

ヘッジファンドの中でLTCMは特別な存在でした。それは、オプション価格の算定式（ブラック＝ショールズ方程式）に関する業績で1997年にノーベル経済学賞を受賞することになるマイロン・ショールズとロバート・マートンが経営陣に加わって[35]、その投資戦略に高い信頼感をもたらしていたからでした。

LTCMの基本的な投資戦略は、「本来あるべき価格から乖離している資産は、やがてあるべき価格に収斂《しゅうれん》する」との前提に立って、比較的高いものを売り、安いものを買う、というものでした。当たり前のことのようですが、何が「本来あるべき価格」なのかを見極めるのがLTCMの腕の見せ所だったわけです。しかも、そのような乖離は頻繁に発生するわけではないし、乖離に気が付いた投資家は我れ先に売買注文を出すので乖離は小さいうちにふさがってしまうでしょう。そこでLTCMは、コンピューターを使って素早く乖離を見つけると、多額の借り入れで一回当たりの売買額を増やす手法（レバレッジ）で、利益を大きくしたのです。LTCMのレバレッジは、運用資金を預かり資産の25倍以上にも膨らませて、運用リターンを向上させました。**ファンドは1994年の創設以来、1995年と1996年には40％のリターンを挙げ、「ドリームチーム」とまで呼ばれていました。**

アジア通貨危機を見た投資家の心理として、新興市場国への投資に躊躇したくなるのはよくわかります。では、投資はどこに向かったでしょうか？　**危機になりそうもないところ、すなわち先進国の債券や株式の人気が高まりました。一般的に、市場で投資リスクが高まると、リスクが低そうな**（安全そうな）**資産に資金が向かうことを「質への逃避」と呼びます。**リスクを避けて、質の高い資産に資金を避難させておく、というイメージです。

LTCMは、一時的に先進国に向かった資金がやがて新興市場国の債券や株式に戻ってくると予測しました。先進国の資産が買われ過ぎて、本来あるべき価格より高くなっており、新興市場国の資産は逆に安くなっている、という見立てです。当然、先進国資産を

（35）方程式に名を遺したフィッシャー・ブラックは1995年に死去。

売って、新興市場国資産を買うポジションを作っておいたのですが、その投資戦略が完全に裏目に出てしまいました。[36]

原油価格の下落で財政が悪化していたロシアは、1998年8月に債務不履行（デフォルト）を宣言します。それを受けて、投資家の「質への逃避」が収まるどころか一層進展してしまいました。新興市場国の資産はさらに値を下げ、先進国の資産でも「買われ過ぎ」のはずのドイツ国債がさらに買われて値を上げました。[37]その結果、LTCMは1998年7月末の資本41億ドルに対して、8月の1ヵ月で18億ドルの損失を出してしまいます。9月になっても損失は続きますがLTCMのポジションは市場の規模に比べて大きいので、売買注文を巻き戻そうにも取引の相手方が見つかりません。また取引件数は6万件にも上り、契約期間や担保の有無等が異なる複雑なものでした。投げ売りしたくても、買い手がいない状態で、9月22日には資本が6億ドルまで減少してしまいます。LTCMのポジションは、債券の売買で1000億ドル、先物で5000億ドル、スワップ等のデリバティブ取引で7500億ドルと巨額で、それに加えて多額の融資も受けていますから、このままでは立ち行かないのは明らかでした。[38]

超異例の救済策

危機的な状況に気付いたニューヨーク連銀は、主要な金融機関を集めてLTCM救済策の検討を要請します。ヘッジファンドは、富裕層等投資のプロがリスクを十分認識して運用資金を預ける前提で、軽い規制を享受してきたのですから、本来であればLTCM破綻の損失は、リスクを承知していた投資家と、取引相手（LTCM）の信用リスクに目を光らせていたはずの金融機関に負わせてしかるべきでした。しかし、LTCMのポジションのうち、デリバティブ取引はバランスシート外で行われているために、取引相手が把握していない可能性がありましたし、LTCM自身のリスク管理も、ポジションの全体をカバーしていませんでした。従って、予想していないところでデリバティブ契約の不履行が連鎖したり、想像以上の損失が金融機関に降りかかるなどして、金融市場が混乱する現実的な可能性がありました。

FRBの要請を受け、結果的に、14の金融機関が、LTCMの運転資金として36億ドルの資本を注入することで合意しました。投資家は運用資金の9割の損失を受け入れま

(36) 売買の契約をして、そのまま未決済にして一定期間保有している取引。
(37) LTCMは、先進国の資産の中では、ドイツ国債が値下がりし、イタリア国債が値を戻すだろう、と見込んでいました。
(38) ポジションの中には相殺できるものも多いので、これらの合計が直ちに損失になるわけではありません。

す。ＬＴＣＭはその後、新規の投資は行わず、既存のデリバティブ取引の執行だけを淡々と行い、すべてのポジションが整理された時点で清算されました。恐れられた金融システムの混乱は生じずに済んだのです。

ニューヨーク連銀が一つのヘッジファンドの救済のため、金融機関に圧力をかけたのは極めて異例でしたが、それはＬＴＣＭが無秩序に破綻したら世界中の金融システムに及ぼすであろう混乱を重視したためです。加えて、金融市場の動揺を抑えるため、ＦＲＢは9月末、10月、11月と3ヵ月連続で金利を引き下げました。何としても、ＬＴＣＭの件を契機に金融危機を起こさない、との強い危機感を持っていたことが分かります。

危機の残したもの

ＬＴＣＭの興亡は、金融市場のたった一つのプレーヤーでも、巨大金融機関を動揺させ、場合によっては金融システム全体の機能不全をもたらしかねないという現実を白日の下に曝しました。そうしたことがないよう、本来は金融規制が機能し、金融機関は取引相手方の健全性に注意してリスク管理を徹底していたはずでした。しかし、規制の外のプレーヤー（ヘッジファンド）が、取引相手からは見えにくい（バランスシート外の）デリバティブ取引を積み上げていたために、想定外の事態となったのです。さらに言えば、金融市場のプレーヤーたちに、リスク管理よりも利益（リターン）を重視するような風潮が蔓延していたことは否定できません。**LTCM危機は、FRBの介入で寸前に回避されましたが、LTCM危機をもたらした金融市場の構造や文化はそのまま温存されました。その結果が、10年後の「リーマンショック」でした。**

（1）1980年代から金融規制の緩和が進み、実体経済と離れたマネーゲームを通じて金融機関が巨額の利益を上げるようになりました。高い報酬やボーナスに惹かれて、優秀な大学の卒業生が金融セクターに就職するようになり、特に数学に強い理系の卒業生の人気が高まりました。ニューヨークのウォールストリートやロンドンのシティーは、金融街というだけでなく、米国や英国が金融業の発展を推し進める産業政策の象徴となりました。英米政府の政策は金融業界の利害を反映するようになり、金融業界からは多くの人材が政府の要職に就いて、両者の一体感が強まります。

（2）金融業界では数学を活用した金融工学が普及しました。その結果、デリバティブ取引が一般化し、リスク管理の手法も精緻化したはずでしたが、実際にはLTCM危機のようにモデルで想定していない事態が生じると、大きな損失につながる危うさも抱えていました。[39] しかし、LTCM破綻にもかかわらず、こうした複雑なモデルに基づく取引や

投機がますます行われたのは、それが巨額の利益をもたらすからでした。(40)

（3）金融業がマネーゲームで巨額の利益を上げる状況は、英米にとどまりませんでした。例えばLTCM救済に加わった14の金融機関のうち5つは欧州大陸系です。国際金融市場の中心がニューヨークやロンドンであるとしても、それらの市場では国際的なプレーヤーが積極的に取引しているので、一つの市場での動揺は世界中に伝わってしまいます。後に「リーマンショック」がグローバルな危機となったのはそのためです。

（4）ヘッジファンドのように規制が軽いプレーヤーや、デリバティブのように透明性の低い取引が危機の震源となったのですから、規制が強化されてもよいはずですが、そうはなりませんでした。それは、プロの投資家が顧客なので規制で保護する必要はない、盛んなデリバティブ取引は市場に流動性を追加するのでかえって相場が大きく変動するのを抑える、(41)といった建前に加え、やはり金融業の利益追求を制約すべきでないという、産業政策的な本音があったからだと思います。

（5）LTCMの救済にFRBが乗り出したことに対しては、モラルハザードを助長するとの批判がありました。それに対しFRBは、市場の中での解決に向けて関係者に交渉を促しただけであり、公的資金を入れたわけではないと反論しました。たしかに、モラルハザードを重視するあまり、LTCMが無秩序な破綻に追いやられても放置すべきだったという主張であれば、それは極端に過ぎると思います。危機が金融システムを動揺させ、場合によっては世界中に拡散する恐れがあるときは、まず危機を阻止するのに全力を尽くすべきでしょう。ただし、それはモラルハザードを軽視してよいということにはつながりません。実際、市場のプレーヤーたちは、1987年のブラックマンデーに続いてLTCM危機でも、市場が動揺したらFRBが金融を緩和して市場を下支えするという前例が成立したと解釈しました[42]。そして、ITバブルが崩壊した2000年代初頭にも同様の措置が採られたことから、その後の投機的な動きを増幅した恐れがあります。

従来、国際金融の危機は、国家レベルの危機でした。経常収支赤字の穴埋め（ファイナン

(39) LTCMのモデルによると彼らが破綻する確率は「シックス・シグマ・イベント」とされていました。標準偏差の6倍ということですから、統計学的に言えば、5億回に1回程度の確率となります。
(40) 著名投資家のウォーレン・バフェット等、当時からこうした傾向を批判する声はありました。「リーマンショック」後に明らかになったのは、金融機関の経営陣も規制当局も、十分にモデルを理解していなかったことでした。
(41) 相場の動きに「逆張り」して賭ける投資家がいると、市場が一方向に動くことがないとの考え方。
(42) 当時のFRB議長の名を取って、「グリーンスパンプット」と呼ばれました（「プット」とは、価格が下がった資産を、事前に定めた金額で買い取ってくれる取引の約束のことです）。

ス）、為替レートの暴落、財政破綻による対外債務のデフォルト等が典型的なパターンだったはずです。ところが、**金融業が巨大化した結果、一つの金融機関やヘッジファンドの動揺や破綻ですら、金融市場の混乱を招き、国際的な資金の流れを阻害する可能性があることがはっきりしました。**ＬＴＣＭの際には、米国当局がリーダーシップを発揮して、その危険な芽を未然に摘み取りました。しかし、その後も金融業の活動に大きな自由が与えられていた結果、未曽有の国際金融危機が迫っているのに米国政府や金融界は気が付きませんでした。

コラム　ハゲタカファンドに勝つにはどうしたらいいですか？

ヘッジファンドと総称される投資ファンドには、色々なタイプのものがありますが、最も悪名高いのはハゲタカファンドと呼ばれるものでしょう。自分でそう名乗るファンドはありませんが、行動様式を見て他人が非難気味に呼んでいるのです。パフォーマンスの悪い企業に出資して経営陣を一掃し、リストラを徹底した上で株価を上げて売り抜けるのが典型的行動です。それによって企業が立ち直り、資源の効率的配分が実現するのであれば、その行為自体が批判に値することはありません。ただ、出資やリストラの際に非常に攻撃的（アグレッシブ）な行動を採ることがあるので敬遠されるのでしょう。

ハゲタカファンドは国家もターゲットにします。最も有名な例はアルゼンチンです。

２００１年のデフォルトによって、アルゼンチンは元本約８００億ドルの債務につき民間債権者と交渉します。その中には円建ての債務もあり、日本人の債権者も無縁ではありませんでした。２０１０年には債権者の約93％が、元本を70％以上削減した新債券との交換に合意します。しかし、いくつかのヘッジファンドは合意に加わらず、特にエリオットマネジメントというヘッジファンドは、非常に激しい法廷闘争を選びました。

ワシントンポスト紙によると、エリオットは、デフォルトに陥ったアルゼンチン国債（額面6億1700万ドル）を市場において1億1700万ドルで購入した上で、アルゼンチンには十分な支払い能力があるとして、全額の支払いを求めてニューヨークで提訴しました。加えて、アルゼンチン海軍の練習船がガーナに寄港した折にガーナの裁判所に訴えて船を一時的に差し押さえたほか、アルゼンチンの衛星打ち上げ契約2件の差し押さえを求めることまでしました。簡単に言えば、嫌がらせを繰り返して、アルゼンチン政府が面倒を避けるために支払いに応じるのを待つ戦略でした。これに対し当時のクリスティーナ・フェルナンデス大統領は徹底抗戦し、一切の妥協を拒否したのでした。

しかし2012年に、ニューヨークの連邦地裁がエリオットの主張を認め、すべての債務者に利払いをするのでなければ、合意済の債権者に利払いを行うことは、債務者を公平に扱う原則を示した平等条項（パリパス条項）に反しているので認められないとしました。2014年に米最高裁が地裁判決を支持したことから、アルゼンチンはまたもデフォルトに陥ることになりました。

次の大統領にマウリシオ・マクリが選ばれると、外国資本との和解によって外資導入を図るとの方針から、エリオット等のファンドとの合意が2016年に結ばれます。その結果エリオットは24億ドルの支払いを受けました。額面の約4倍、購入額の約20倍ですから、濡れ手に粟と言っても過言ではないでしょう。

なぜこのようなことが起こったのでしょうか？　直接的には、エリオット等のファンドが、他の債権者とアルゼンチンとの間の合意に従わずに元本の完済を求めることが可能だったからです。ロンドン市場で発行される国債には、集団行動条項（コレクティブ・アクション・クローズ：CAC）が付されているのが普通であり、債権者の特別多数決で合意された決定はすべての債権者を拘束します。ところが、ニューヨーク市場で発行される国債ではCACは一般的ではありませんでした。だからこそ、エリオット等のファンドが93％の債権者の意思を無視して法廷闘争を続けることができたのです。

一部の銀行団が融資を行うのと異なり、債券は流通市場で自由に売買できるため、小口の債権者も含めれば関係者の数は膨大であり、そのすべての人が納得するような合意は困難です。従って、アジア危機以降、G7等はCACの普及を訴えてきました。国債を発行する側は、CACを含めると発行条件が悪くなるのではないかと懸念して、ニューヨーク市場ではなかなか普及しませんでしたが、エリオットとアルゼンチンの攻防を見て、最近ではCAC付きの国債発行が増加しているようです。

2012年以降、ユーロ圏諸国の満期1年以上の国債ではCACが義務付けられましたが、そこでは「債券保有者の75％以上」か「発行額の3分の2以上を保有する債権者」による賛成が想定されています。これが概ねグローバルスタンダードだとすると、やはり93％の賛成でもリストラができなかったアルゼンチンのケースは、国際金融システムの円滑な機能の観点から問題があったと思われます。

第8の危機　世界金融危機を引き起こした複合的要因とは？
――リーマンショック、金融工学過信、群集心理

住宅バブル崩壊から「世界金融危機」へ

２０００年代初頭のＩＴバブル崩壊や９・11同時多発テロ事件を乗り越え、２０００年代半ばに米国は比較的高い成長を回復します。同時に、経常収支赤字は過去最高となり、ＧＤＰ比で約６％にも達しました。米国は、いつも通りの対応をします。すなわち、ドルの発行による赤字の穴埋めと、経常収支黒字国への不公正貿易是正の要求および内需拡大要請です。他方で、米国内では、金融業が開発した新たな手法に基づく住宅ローンの供給システムが一世を風靡し、住宅ブームが膨張しました。

住宅バブルの崩壊は、新たな手法を駆使して巨利を得ていた金融界を直撃し、米国発の金融危機が、国際金融危機へと転化しました。主要な金融機関が、取引相手方を信用できなくなって立ちすくむ中、資金の流れを維持しようと国際社会は必死の努力を行います。米国は弱体化した銀行を統合し、生き残ったところに公的資金を投入して資本を増強します。しかし、**結局パニックを鎮めたのは、当局はこれ以上銀行を潰さないつもりだ、との**

意向を市場が汲み取った瞬間でした。

日本ではこの一連の危機を、2008年9月の大きなショックのきっかけとなったリーマンブラザーズの破綻から、「リーマンショック」と呼ぶことが多いですが、危機はその一つの出来事から発生したわけではないので、**国際的には「世界金融危機**（グローバル・ファイナンシャル・クライシス：GFC）」**と呼ぶのが普通です。**本書では、両方の言い方を用いています。

これだけ大規模な危機ですから、その原因も複合的です。ここでは、主な要因を整理してみましょう。

いわゆる「金余り」

米国は史上最大の経常収支赤字を、ドルを垂れ流して穴埋めしていましたが、黒字国（中国、産油国、日本、ドイツ等）は受け取ったドルをどうしたでしょうか？　現金で置いていても無駄ですから、当然ドル建ての資産の購入（投資）に回します。特に最大の安全資産である米国債です。

債券は人気が高まって購入者が増えると、流通価格が上昇し、それに伴い利回りが低下する性質があります[43]。2000年代半ばには、まさに米国債がたくさん買われたので米国債（10年物やそれより長期の物）の金利が上昇せず、それに引きずられて他の長期金利も上昇しませんでした。実はその頃、ITバブル崩壊後長期にわたって金融緩和を続けていたFRBが、引き締めに転じており、短期金利（FFレート）の目標は1％から5％まで引き上げられました。しかし、通常は短期金利に合わせて上昇するはずの長期金利が全く横ばいで推移し、2005年にはグリーンスパン議長が、なぜ長期金利が上昇しないか「謎（コナンドラム）だ」とまで発言したほどです。それどころか、2006年夏以降は長期金利が短期金利のレベルを下回ってしまいました（いわゆる「逆イールド」）。

いずれにせよ、長期金利が上昇しないことから、住宅ローンを含む長期融資の借り入れが容易になりました。換言すれば、**米国が経常収支黒字国に供給したドルが米国に還流してきたおかげで、米国が「金余り」となり、借り主に有利な環境が作られたのです。**

安定ゆえの気の緩み

1980年代から、米国の景気変動の振幅が小さくなったことが注目を集めました（「偉大なる安定（グレートモデレーション）」と呼ばれました）。その理由には諸説ありますが、安定的な経済環境が人々に安心感を与えたのは間違いありません。

またFRBも、「グリーンスパンプット」に加え、株式市場がバブルであってもあえて

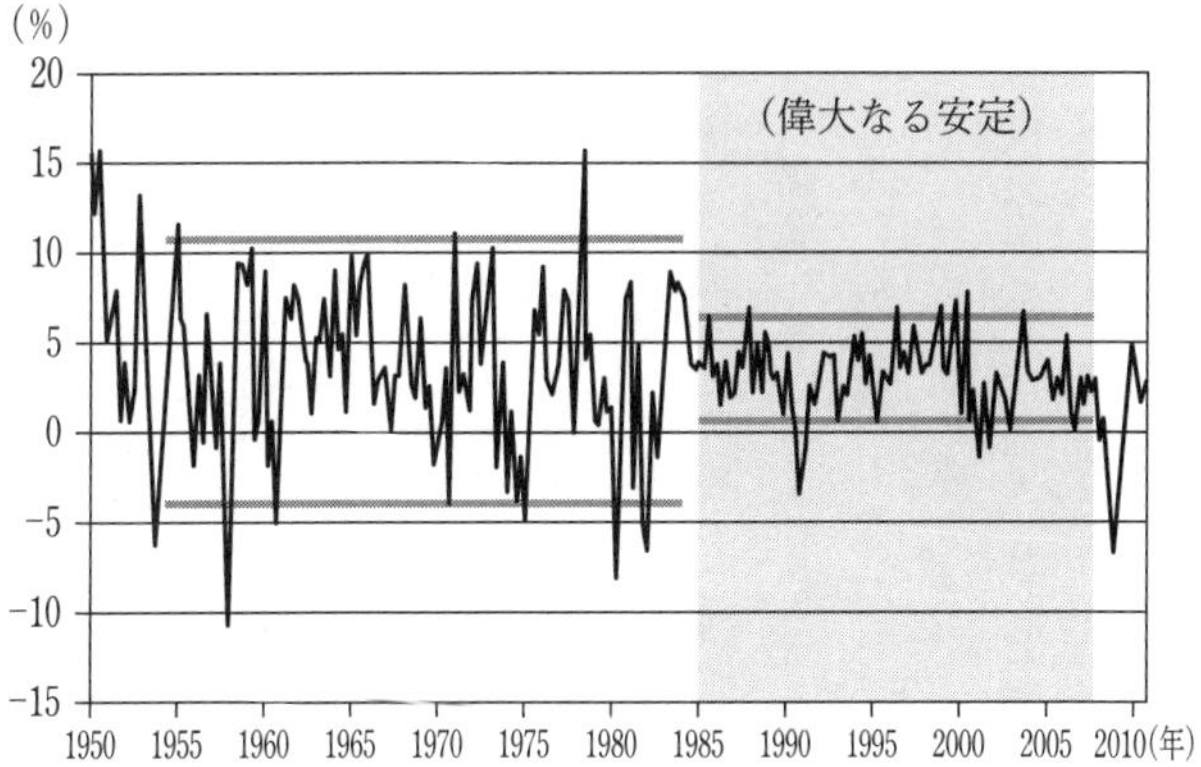

米国の実質GDP成長率の推移（出典：ビジネスインサイダー）

バブル退治はしないと公言して、[44]投資家に安心感を与えていました。

　そうした**安心感が、人々のリスクに対する感覚を鈍くして、より大きなリスクを許容してしまうことにつながったのです。**それは、当時は全く忘れられていたハイマン・ミンスキーという経済学者が、すでに1970年代から提唱していたモデルに沿った動きでした。[45]

持ち家政策の推進

　米国では銀行等が供与した住宅ローンを投資銀行等が証券化して投資家に売却するのが普通です。そうした証券化を専門に行う機関として、ファニーメイ（連邦住宅抵当公庫）とフレディーマック（連邦住宅金融抵当公庫）の2社があります。これらは法律によって設立された特殊法人が後に民営化された民間会社ですが、これら2社の買い取る（あるいは保証する）住宅ローンについては、２０００年の法改正で、その50％が中・低所得者の住むエリアのものでなければならないとされました。

持ち家取得の推進という政策自体は、各国で行われています。ただ**米国の場合は、白人層と非白人層の間に経済的・社会的な格差があるため、持ち家促進政策の意味合いがやや独特です。**格差が簡単に解消できない現実を前に、中・低所得層（その多くは非白人層）の住宅ローンへのアクセスを容易にするためファニーメイやフレディーマックを活用することは、社会的な緊張緩和を目指す社会政策の側面があったというわけです。

もちろん、低い長期金利の恩恵を受けて借金に走ったのは、中・低所得者層だけではありません。すでに持ち家を所有する人々の中にも、住宅ローンの借り換えや、自宅を担保にした借金（借りた資金はリフォーム等に使うのがそもそもの趣旨ですが、やがて単なる消費に回るようになります）が大流行しました。2軒目、3軒目に投資する人も出てきます。当時米国人の知人が、ゴルフ場のキャディーから、行ったこともない西部の州に実物も見ないで3軒の家を投資用として購入したと聞かされて仰天したと語っていましたが、そのような例は多々あったようです。

低所得者層は信用リスクが比較的高いため、銀行は本来慎重に融資を行うはずです。しかし当時の銀行は、当初数年間だけ低めの金利にしてその後金利が高くなるような仕組みのローンや、場合によっては融資条件がほとんどないようなローン(46)を次々に供与していきました。借りる方は、1～2年たって住宅価格が上昇したところで家を売ったり、より多額のローンに借り換えたりすることを当初から予定していました。

借り主の方が、住宅価格の上昇に目がくらんでこうした高リスクの融資に手を出してしまうのは、理解できなくもありません。では、なぜ銀行など貸し主の方も、こうした融資を行ったのでしょうか？　それは金融工学を用いた、新たな仕組みを使うことで、高リスクのローン債権が飛ぶように売れたためでした。

(43) 単純な例を挙げると、額面100ドルで金利5％の国債を、流通市場において110ドルで買ったとすると、支払われる5ドルの金利分は、5÷110＝4・5％の利回りとなります。

(44) グリーンスパン議長は、何がバブルかを事前に判定することは不可能なので、当局はバブルが崩壊してから後始末するのが正しいやり方だ、と主張していました。

(45) 安定的環境の中で人々がリスクを取り続ける→ある時点で限界点に達して資産価格が下落を始める→人々は資産を投げ売りする→金融機関の経営が傾く→当局が金融機関を救済する→経済と市場が安定する→人々が安心してリスクを取り始める、というサイクル。GFCの後、安定が危機に転化する限界点が「ミンスキーモーメント」と呼ばれるようになりました。

(46) 借り主に所得（income）、職（job）、資産（asset）の有無すら尋ねないという意味で、No Income, No Job, No Asset の頭文字を取ってニンジャ（NINJA）ローンと呼ばれたりしました。

新たな金融商品

住宅ローンや自動車ローン、学生ローンにクレジットカードのリボ払い等、米国ではあらゆるローンを束ねて証券化して投資家に売るのが一般的です。束ねられたローンは、例えば東海岸、中西部、西海岸など様々な地域の住宅ローンからなり、東海岸が不況となっても西海岸では住宅ローンの返済がきちんと続くといった形で、リスクが分散されています。それが証券の形になっているので、市場で簡単に売買できるわけです。

債務者が毎月ローン返済分を支払うと、それが証券を購入した投資家に支払われて、証券に対するリターン（運用益）になります。ローン返済が滞ると、投資家のリターンが少なくなりますので、返済が滞りそうな債務者の多いローンを束ねた証券は、格付け[47]が低くなるのが普通です。

ところが、**2000年代に盛んに活用された、債務担保証券（CDO）と呼ばれる証券では、この常識が破られました。**最も返済が滞りそうな債務者である、低所得者の住宅ローンを束ねた証券なのに、トリプルAという最上位の格付けを得たのです。どうしてそのようなことが可能だったのでしょうか？

低所得者層の住宅ローンはサブプライムローンと呼ばれました。プライム（優良借り主）

の下位（サブ）に位置する層へのローンという意味です。ＣＤＯは、サブプライムローンを束ねた上で、債務者からのローン返済があったら、その返済分を一番最初に受け取れる権利の証券、２番目に受け取れる証券、最後に受け取れる証券、と区分しました。一本一本のサブプライムローン（低所得層向け住宅ローン）の信用力は高くないのでローン金利は高めです。が、例えば千件のサブプライムローンを束ねて、さすがに５００人くらいはきちんと毎月返済するだろう、という見込みを立てたとします。その上で、第一の証券は返済してきた最初の３００件からの返済だけを受け取り、第二の証券は次の３００件、最後の証券は残りの４００件と区分したとすると、第一の証券は毎月ほぼ間違いなくリターンを受け続け、第二の証券は月によってリターンが上下し、第三の証券はリターンがあればラッキーという感じになります。この**第一の証券がトリプルＡを得たのです。**

最上位の格付けでありながら、超優良企業の社債等と比べればリターンが高いことから、ＣＤＯは爆発的な人気を博しました。作れば売れる、という状態となって、材料であるサブプライムローンが大量に必要になります。信用力の怪しい借り主にも、かなり基

（47）債券の信用リスクを「ＡＡＡ」「ＡＡ」等の記号で表わし、投資の安全性の判断材料とするもの。こうした判定をする会社を格付け機関と呼びます。Ｓ＆Ｐ、ムーディーズ、フィッチ等が有名です。

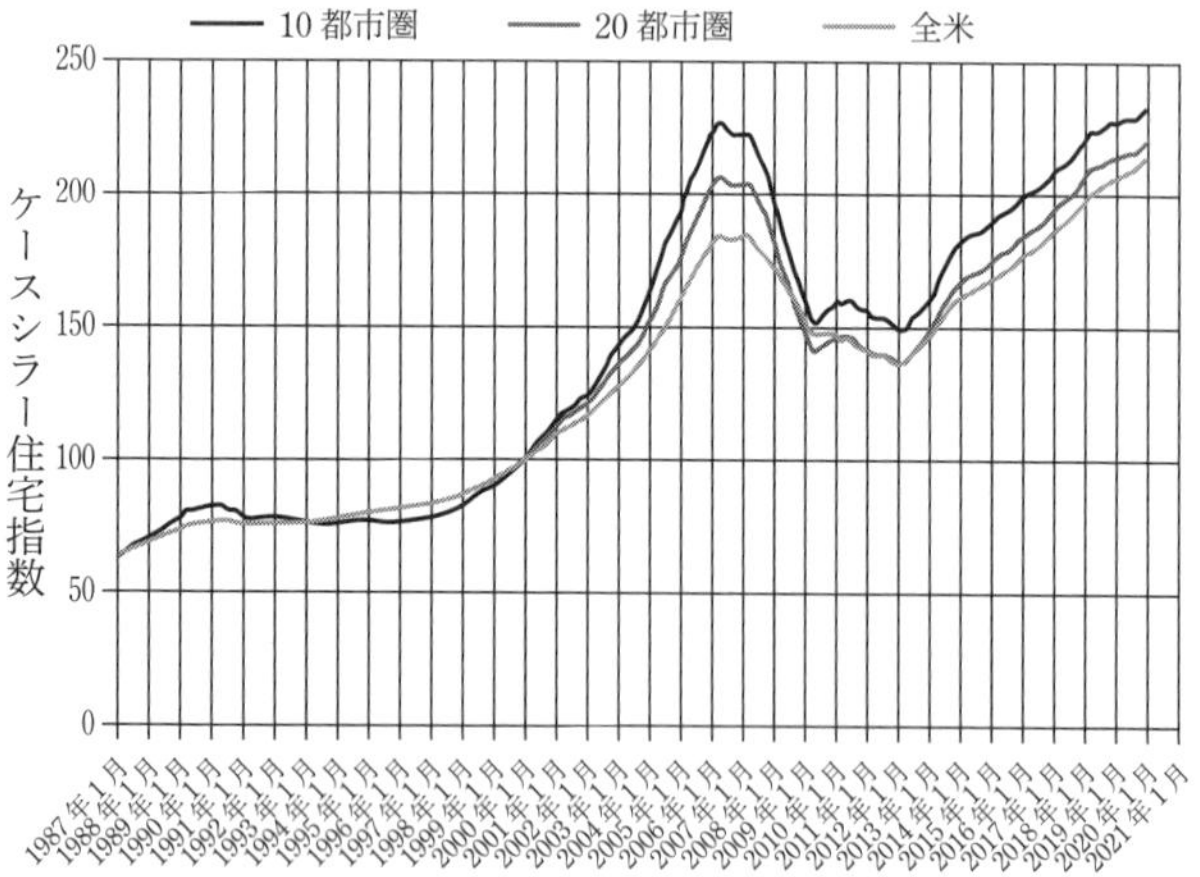

住宅価格の推移（出典：S＆P）

準の緩いローンが次々に貸し出されては、ＣＤＯの材料として売却される状態でした。米国のみならず欧州の投資銀行もこれらのローンを購入してＣＤＯにまとめて市場で売却し、あるいは自らそれらのＣＤＯを購入・所有しました。ファニーメイとフレディーマックも同様です。

こうして市場はサブプライムローンとＣＤＯに席巻されました。本来公正な審査機関のはずの格付け機関が、ＣＤＯを組成する投資銀行に対し、トリプルＡとなるためにどういうサブプライムローンを組み合わせるべきかアドバイスしたり、保険料を取ってＣＤＯの利払いを保証する保険会社も現われました。ＣＤＯの恩恵を受けて少しでも利益を得ようと、多くの金融機関が狂奔したのでした。

しかし、ＣＤＯが成り立つのはサブプライムローンが曲がりなりにも返済されている限りにおいてです。他方、当時の住宅ローンは右肩上がりに住宅価格が上昇することを前提にしていました。高くなった住宅を売って、次のローンに乗り換えるのが通常のパターンだったのです。では住宅価格が下落を始めるとどうなるでしょうか？　持ち家を売ってもローン債務を完済できないのでは、次の家に移るどころではありません。そうこうするうちに、住宅ローンの当初優遇期間が終わって金利が上昇したら、サブプライムローンが想定通りに返済されなくなってしまうことが容易に想像できました。

当然、欧米の金融機関の中にも、あるいは当局者の中にもリスクに気が付いている人々はいたはずです。しかし、高い収益を求める株主の圧力と、高い報酬を得たい貪欲さと、群集心理に流されてしまいました。

群集心理

２００７年７月、シティグループのチャールズ・プリンス会長兼ＣＥＯは「**流動性という名の音楽が止まってしまったら、物事は複雑になるが、音楽が流れている限りは立ち上がって踊らないといけない。我々はまだ踊っているのだ**」と発言します。市場が一方向に流れている限り、一緒に流れるのが正しいというわけです。あえて市場と異なる選択をして利益が下がったら、おそらく株主から批判を受けることにもなるでしょう。しかし、この時点では既に住宅価格は下落を始めており、サブプライムローンの返済が滞って金融機関が損失を負う状況が明らかになりつつありました。それでも踊り続けていたプリンスは、4ヵ月後の11月に数十億ドル規模の評価損を追加計上して退任します。その数日前には、メリルリンチのスタンレー・オニールCEOが、やはりサブプライムローンからの巨額損失の責任を取って辞任しています。いよいよ音楽が止まったのが誰の目にも明らかになってきました。

危機の展開

住宅価格は、2006年夏をピークに下落を始めます。ただ、日本のバブルが崩壊したときもそうでしたが、価格下落が始まってもしばらくの間は、下落は一時的でまた価格は上昇に転じるだろう、と信じる人が多数でした。しかし、住宅価格の下落に伴い低所得層のサブプライムローン返済が滞ったことで、徐々に金融システムが動揺していきます。当初は小さな動きでしたが、だんだんボリュームが上がって、最後には耳をつんざく轟音となりました。

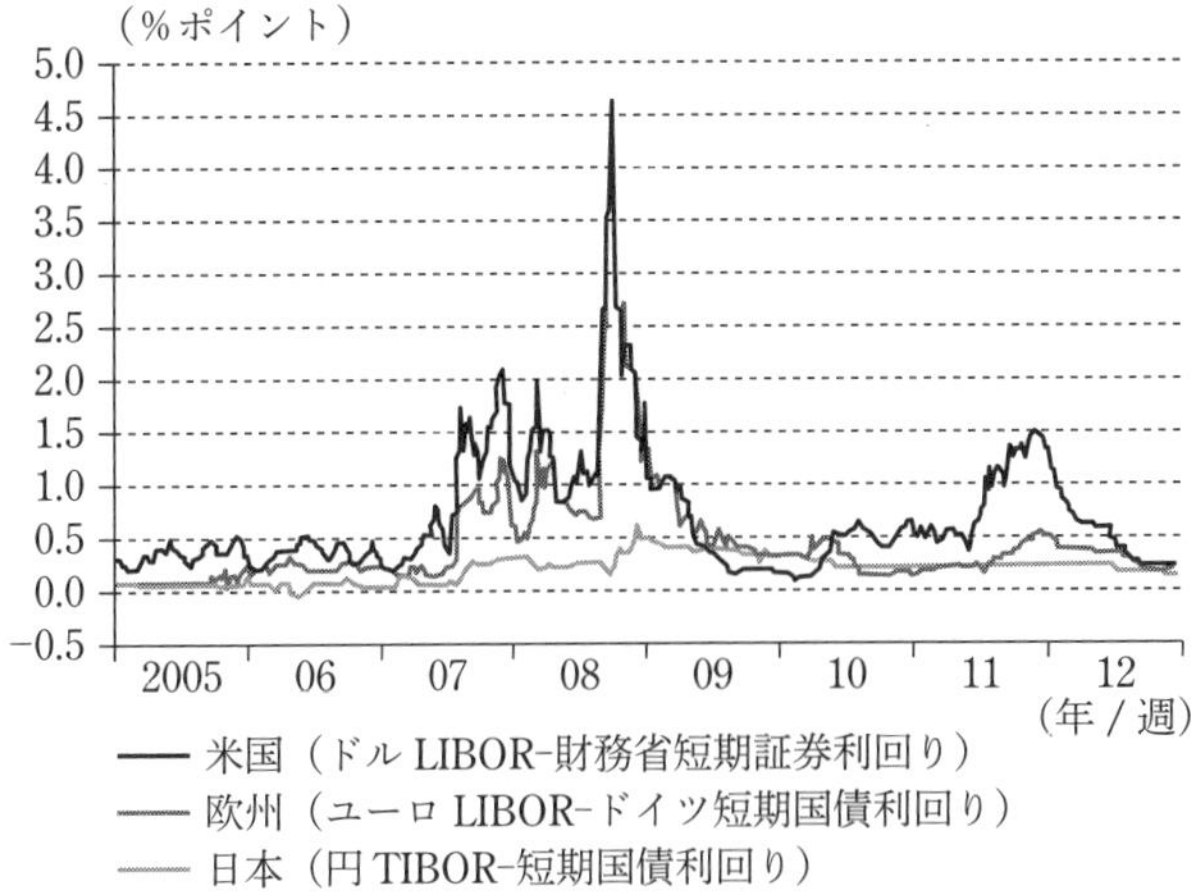

信用リスクプレミアムの推移（出典：ブルームバーグ）

CDO価格の下落

住宅価格の上昇が止まってサブプライムローンの返済が滞ると、それを束ねたCDOの所有者に約束したリターンの支払いも怪しくなってきますので、当然市場で取引されるCDOの価格は下落します。また、金融機関同士の取引の際に担保としてCDOが差し入れられていれば、その評価額が下がるために追加の担保（信用力のある国債や社債等の資産）を要求されることにもなります。CDOの評価額がどんどん下落する中、保有するCDOを早く売ってしまおうという市場参加者が増えていきますので、さらにCDOの価格が下落する結果、ますます大量の投げ売りを惹起する悪循環に陥りました。

金融機関は相互に取引相手の健全性に疑念を持ち始めます。平時であれば、銀行は無担保で翌日まで資金を融通し合うのが普通ですが、もし相手方が大量のCDOを保有していたらどうでしょうか？　巨額の評価損に耐えられず、夜の間に突然倒れてしまうかもしれません。銀行同士が資金を出すのを躊躇した結果、銀行が資金を調達するコストが上昇しましたし、同様に、事業会社が発行するコマーシャルペーパー（CP）市場でも借り換えが難しくなっていきました。

資金調達コストの上昇は、市場からの資金に依存する割合が高い銀行の経営を直撃しました。１９３１年のクレジットアンシュタルト、１９９７年の韓国金融危機等と同じことが起こったのです。

ノーザンロック

英国の北部を地盤とするノーザンロックは、もともと小口預金を積み立てて住宅購入時にローンを受ける信用組合のような組織でしたが、その後業態変更して銀行となり、市場からの資金調達で事業を拡大していました。しかし、市場が住宅融資を主要業務とする銀行に資金を出すことを不安に感じ始めると、あっという間に資金繰りに行き詰まってイングランド銀行への資金支援要請を余儀なくされます。**2007年9月の報道によってノーザンロックの苦境を知った預金者は、預金引き出しのために列を作ります。英国では130年ぶりに起こった取り付け騒ぎでした。**

ベアスターンズ

2007年7月、ウォールストリートを代表する投資銀行の一つ、ベアスターンズ傘下の二つのヘッジファンドが、多額の損失のため投資家に資金を返還できないと発表します。それから1年もたない**2008年3月、ベアスターンズ本体も資金調達に行き詰まり、JPモルガンチェースに救済合併されました。**

ニューヨーク連銀は救済合併を助けるために290億ドルの融資を行いました。銀行と異なり、決済機能保護や預金者保護という大義名分がないまま、投資銀行に公的支援が行われたのです。LTCM危機の際には行わなかった公的支援にあっさり乗り出したことは、当局の危機感を示していました。しかし、連銀が直接損失を被りかねない公的融資に対し、議会を中心に批判が高まります。

運命の２００８年９月

２００８年９月は、毎日が危機でした。金融システムはほぼ機能を停止し、世界経済は回避できない終末に向けてスローモーションのように進んでいました。主な事例を見ていくことで、リアルタイムで感じられた恐怖が実感できると思います。

破綻の連鎖

９月７日、住宅ローンビジネスの中心にいたファニーメイとフレディーマックが実質的に国有化されます。

15日には、英バークレイ銀行への身売りが最終的に不成立となったリーマンブラザーズが破綻する一方、同じくウォールストリートの名門メリルリンチがバンクオブアメリカに救済合併されました。

翌16日には巨大保険会社グループのＡＩＧの株式の79・９％を政府が取得して事実上国有化するとともにＦＲＢが資金支援をします。

21日にはＦＲＢからの資金繰り支援を受けられるように、ゴールドマンサックスとモルガンスタンレーが銀行持ち株会社に転換します。直後の23日に著名投資家のウォーレン・バフェットがゴールドマンサックスに50億ドル、29日に日本の三菱ＵＦＪ銀行がモルガンスタンレーに90億ドルの出資を行いました。

リーマンブラザーズ破綻以降預金の引き出しに直面していた貯蓄金融機関のワシントンミューチュアルは25日に米国史上最大の銀行破綻を起こし、JPモルガンチェース銀行に吸収されました。破綻時の総資産は約3000億ドルで、2008年の米国のGDPの2%に当たる規模でした。

政府による支援の失敗

こうした底なしの金融危機に対処しようと、ハンク・ポールソン財務長官は、7000億ドルの財源を得て、金融機関が抱えるサブプライムローン関連等の不良資産を政府が買い取ることを目指します。緊急事態なので、きちんと詰めた議論なしに、議会に対して歳出権限を求めたのは、ある程度やむを得ませんでした。しかし、どの資産を買うのか、また市場で価格のつかない不良資産をいくらで買うのが適切なのか、といった詳細はすべて曖昧なまま、わずか3ページの法案で7000億ドルの支出権限を得ようとしたのは、さすがに連邦議会の怒りを買いました。9月29日に同法案は否決されたため、**先行きの希望が無くなったと感じたニューヨーク株式市場は7%の暴落を記録しました。おそらく、第二次世界大戦後、世界が最も大恐慌に近づいた日であったでしょう。**

ギリギリ間に合った政府支援

財務省は法案を修正し、議会は10月3日に金融安定化法を可決しました。同法の下で得られた7000億ドルの支出権限は、具体的に何に支出するかについて政府の裁量を広く認めていたため、政府は不良資産の買い取りよりもむしろ金融機関への公的資金注入を行います。さっそく10月末に大手8行に総額1150億ドルの資本が注入され、その後個別金融機関に必要に応じて支援が行われました。大手行では、例えば、シティグループは11月に200億ドルの追加資本増強を受け、バンクオブアメリカも2009年1月に200億ドルの追加を受けました。

銀行への信認の回復

個別行への資本注入が散発的に続いている状況で、市場参加者は安心して銀行との取引を再開できるでしょうか？　これだけの危機の後ですから、この銀行は本当にもう大丈夫かな、と疑い深くなるのが自然ではないでしょうか？

米国政府とFRBは、「打ち止め感」を出すために、2009年2月にストレステストを行います。これは、主要19行に対して、経済動向や住宅価格等について一般想定に基づくベースラインと、それ以上に悪化するケースの二つのシナリオで、自己資本がどのくらい不足するかを試算させ、それに応じて資本注入を行う仕組みでした。その結果、19行のうち10行について資本増強が必要と判定され[48]、それらの銀行は金融市場から資本調達するか、公的資金を受け入れるかの選択を迫られました。

ストレステストのシナリオがかなり厳しかったことに加え、政府・FRBがこれ以上の資本不足はない、すなわち事実上これ以上の銀行破綻は許さないと宣言したことで、銀行への信認は反転し、金融システムは徐々に安定を取り戻しました。

危機後の対応

GFCで金融システムが混乱したことで、米国では、実質GDP成長率が2009年第1四半期に前年比マイナス5・2%を記録し、2008年初まで5%を下回っていた失業率は、2009年10月には10%に達しました。1980年代前半以来、25年ぶりの高い水準です。2009年前半に、クライスラーとGMという米国製造業のシンボルが相次いで破綻、国有化されたのは、米国経済の苦境を象徴するものでした。

(48) 例えば、バンクオブアメリカは約340億ドルの資本増強を求められました。

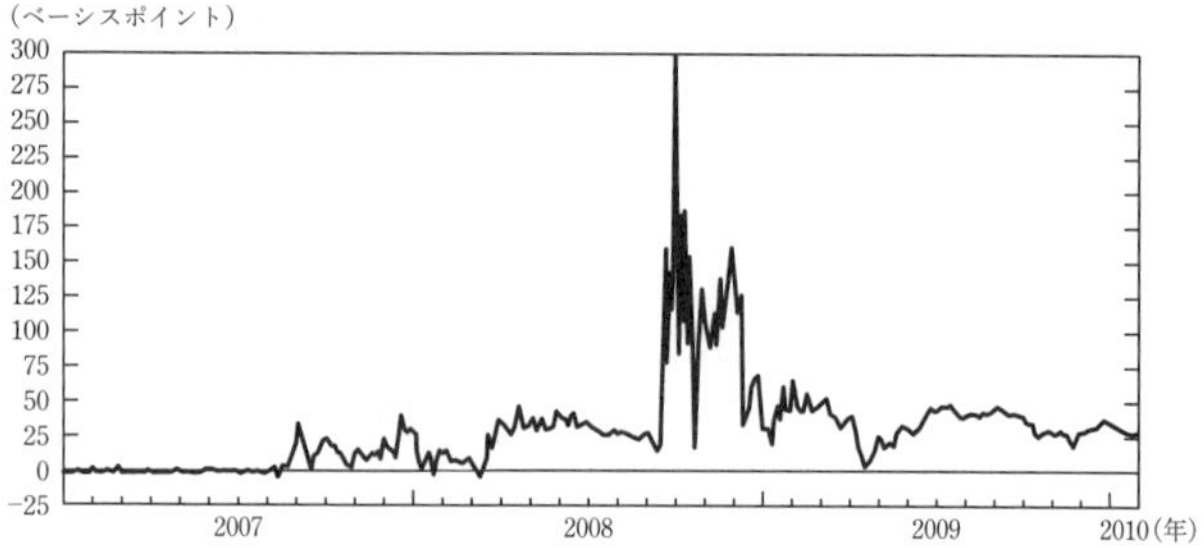

3ヵ月物米ドルのスワップのプレミアム（出典：Michael J. Fleming and Nicholas J. Klagge, “The Federal Reserve’s Foreign Exchange Swap Lines” FEDNY, April 2020）

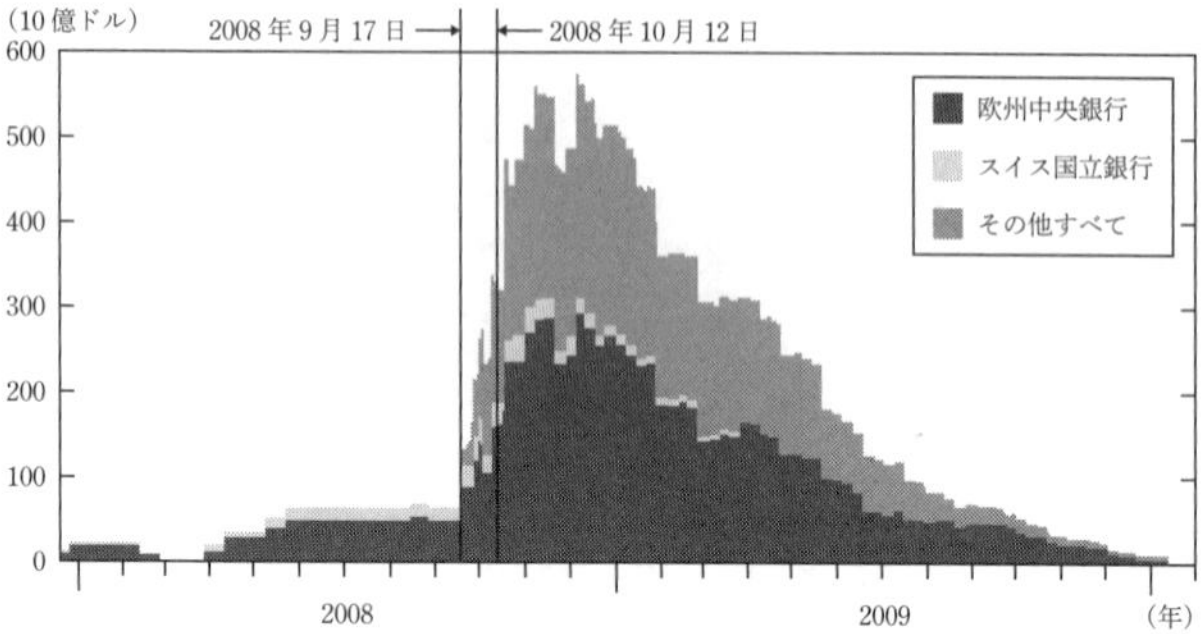

中央銀行間の通貨スワップ取り極めの取得残高（出典：同上）

米国を含め、主要国は景気下支えのために大胆な政策を採ります。

金融政策

金融市場に蔓延する不安を取り除くため、中央銀行は金融を緩和し、市場に流動性を大量に供給しました。**震源地である米国では、FRBが、2008年12月に金利をゼロとするとともに、3回にわたり量的緩和**（QE）**を実施しました。**(49)

国際金融システムを安定させる観点では、FRBが設定した**ドル・スワップ取り極めが大きな効果を持ちました。これは先進国と一部の新興市場国の中央銀行に対して、FRBが必要に応じてドルを供給する仕組みです。**金融機関相互が疑心暗鬼を抱える中、米国外でもドル資金の調達コストが上昇しましたが、海外の中央銀行は外貨準備の額を超えてドル資金を国内に供給できません。国全体でドルの資金繰りが困難となっては、アジア危機の再来です。**中央銀行間のスワップ取り極めのおかげで、6000億ドル近**

(49) 市場から国債やモーゲージ債（住宅ローンを証券化したもの）等を購入して、市場にドル資金を供給するもの。日銀はゼロ金利を、イングランド銀行は金利を0・5％まで引き下げるとともにQEを導入しました。ECBはインフレ警戒で2008年7月に利上げを行いましたが、危機後は利下げと、一定規模の債券購入も行いました。

（%）

	2007	2008	2009	2010	2011	2012	2013	2014	2015(年)
米国	−2.9	−6.6	−13.2	−11.0	−9.7	−8.0	−4.5	−4.0	−3.5
英国	−2.6	−5.1	−10.0	−9.2	−7.5	−7.6	−5.5	−5.5	−4.5
ドイツ	0.3	−0.1	−3.2	−4.4	−0.9	0.0	0.0	0.6	1.0
日本	−3.3	−4.5	−10.1	−9.5	−9.3	−8.5	−7.9	−5.9	−3.9

主要国の一般政府（中央・地方政府・社会保障基金の合計）の財政赤字GDP比（出典：IMF）

いドル資金が外国の中央銀行に供給され、潜在的なドル危機を未然に防いだことは特筆に値します。

財政政策

成立直後のオバマ政権は、10年間で7870億ドル、2008年GDP比で5.4%という大規模な財政刺激を成立させます。同様に、日本では2009年4月に15・4兆円（2009年GDP比3・2%）、英国では2008年秋に250億ポンド（2008年GDP比1・6%）の財政刺激を決めました。しかし、**世界を驚かせたのは中国でした。2008年11月、2年間で4兆元**（2008年GDP比13%）**のパッケージを発表しましたが、それは約2・5兆元の財政支出と銀行融資の組み合わせでした。**数年後になると、積極的な融資（特に地方の開発プロジェクト）に焦げ付き等の問題が発生しますが、少なくとも危機の直後には、中国の財政刺激が世界経済を救ったと高く評価されました。

ただし、**主要国は比較的早期に財政刺激を巻き戻しました。**[50] エコノミストの中には、景気がまだ脆弱である間に財政赤字を削減するのは時期尚早だったという意見が多く見られます。2013年当時も、ラリー・サマーズ元財務長官が「長期停滞論」を主張して、むしろ大胆な財政刺激継続を訴えました。他方、特に欧州諸国は、2010年以降の欧州財政危機を乗り越えるため、各国とも財政健全化を急ぐ必要があると考えていました。

金融規制

GFCは、米国の金融界がリスク管理をしっかり行っていなかったことを暴露しました。グリーンスパンFRB元議長も「銀行は株主資本を守るのが自己の利益に沿うものだと思っていた我々にとって、信じられないようなショックだった」とガーディアン紙に語っています。きちんとリスク管理ができていることを前提にして金融規制の緩和が行われ、それが金融機関のビジネスチャンスを広げて膨大な利益（そしてバンカーたちの多額の所得）を可能にしてきましたが、実はその前提が狂っていたため、巨額の公的資金を用いて

（50）すでに2010年2月のG7財務大臣・中央銀行総裁会議で、刺激策からの出口戦略を考えること、持続可能な財政への移行を指向し始めることが合意されています。

銀行を救済せざるを得なくなったのですから、一般大衆が怒るのも当然でした。

米国では、規制を再度強化するドッド・フランク法が2010年に成立しました。そこでは、ノンバンク等を新たに金融規制の対象としたり、定型的なデリバティブ取引の決済を1ヵ所にまとめて行わせたりすることが定められました。また銀行による投機的取引を抑えるため、自己勘定取引やヘッジファンド等への投資制限が盛り込まれましたが、これは提唱者であるボルカー元FRB議長の名を取って「ボルカールール」と呼ばれました。さらに、公的資金による銀行救済への国民の怒りを反映して、金融システム全体を危機に陥れるような場合を除き、公的資金による金融機関の救済は原則禁止する、との規定も盛り込まれました。

国際的には、いわゆるバーゼル資本規制が強化され（バーゼル3）、資本に占める普通株式の比率を高める等、資本の質を向上させることが求められました。また、グローバルに活動する大銀行が破綻するとその影響が大きいので、こうした銀行に追加的な資本のクッションを求めました。つまり、銀行の脆弱性を低下させ、損失を資本で吸収できる余地を拡大させようとしたわけです。

危機の残したもの

ＧＦＣは、米国の金融技術の先進性、金融監督体制の強固さ、政策構築能力の高さ、ビジネス環境のクリーンさ、規制緩和・自由化の利点を説く経済学説の説得力といった「神話」を打ち砕きました。２０００年前後に日本が銀行危機とその後始末に苦しんだ際、なぜ自明の政策をすぐに遂行できないのか、と批判したクルーグマンやサマーズといった著名な経済学者は、米国でも自明な政策が必ずしもすぐに遂行できるわけではないことを目撃して、日本に対して失礼だったと遅ればせながら謝ったほどです。

（1）金融規制の緩和は、金融業の利潤を高めるので、産業政策としては意味があったかもしれません。巨額の給与やボーナスを受け取る人々が政治的なパワーやコネを使い、あるいは学説の力を借りて規制緩和を進めていこうとするのは当然です。しかし、規制緩和には、滅多に発生しないかもしれないが発生したら壊滅的な社会的コストをもたらす側面があることが明らかになり、一定の規制強化が図られました。本来、残すべき規制と緩和すべき規制のバランスを取るべきなのですが、どうしても議会内の勢力分布等を反映して、時期によって規制緩和あるいは規制強化のどちらかの方向に政治的なエネルギーが向かってしまいます。その意味では、**将来再び、規制緩和が政策目的の中心となり、金融業の危機リスクを高める状況となる恐れは否定できません。**

（2）「なぜリーマンブラザーズを救済せずに破綻させたのか」という問いに対しては様々な答えが提示されています。直接的には、民間金融機関や投資家の中にあえてリーマンブラザーズを救済合併しようという者がいなかったためであり、その時点の資産の質を考えると当局が（損失となることが明白な）資金支援をする選択肢はなかった、ということです。さらに、ゴールドマンサックス出身のポールソン財務長官とリーマンブラザーズのリチャード・フルドCEOの間の人間関係が微妙だったという説もあります。しかし、より重要なのは、**失敗した企業を救済することへのモラルハザード批判と思われます。その頃イングランド銀行のキング総裁はモラルハザードを防ぐことを重視するべき、と強く主張していましたし、ベアスターンズの救済の際に批判を浴びた記憶がFRBや財務省を慎重にさせたものと思われます。**[51] 金融システムを守るためにはモラルハザードに目をつぶらなければいけない場合があるという理解は、ドッド・フランク法にも盛り込まれて一応コンセンサスとなりましたが、実際に適用するのは依然として政治的に難しい問題でしょう。

（3）一般に、普通の不況よりも金融危機の後の不況の方が、回復が遅れるとされています。金融機関が危機によって傷むので、景気回復に必要な信用供与が十分に進まないためですから、できるだけ早く金融機関の健全性を高める政策的措置が必要です。この考えに基づいて、**米国では公的資金の注入による資本増強等により、欧州よりも比較的早期に金融機関が健全性を取り戻したと言われます。**

（４）それでも、２００８年以降の米国経済の回復は力強さに欠けたものでした。ＩＭＦの計算では危機後10年たった２０１８年になって、ようやく実際のＧＤＰが、経済の供給力から推計した潜在的なＧＤＰを上回ったとされています。そのため、**危機の後は長期にわたって財政支出で経済を支えるべきだ、という考え方が学会の主流になりました。ただし、新型コロナ危機における米国議会の議論を見ると明らかなように、財政支出の規模のみならず、どのような支出を行うべきかについても、政治的コンセンサスが得られていません。**

（５）ドルの金利がゼロとなると、少しでも有利な投資先を求めて投資家が新興市場国等に投資を行いますが、その後投資家が資金を引き上げると、これらの国の為替が暴落する可能性があります。現に、２０１３年にＦＲＢが将来のＱＥ縮小の見込みを示したことから一部の新興市場国の為替が暴落しました。新興市場国が不安定化するとその影響は米

（51）もしそうだとすると、大恐慌時の再現です。１９３２年6月に復興金融公社（ＲＦＣ）が行ったシカゴのセントラルリパブリック銀行救済のための融資が強く批判されたので、その翌年、ミシガン州のユニオンガーディアン銀行の危機の際には支援を行わずに破綻させたと言われています。

国にも及ぶ可能性があり、その観点からＦＲＢはＱＥなど金融政策の手仕舞いに際して慎重な対応を採るようになりました。

（６）国際金融の面では、米国による経常収支赤字のファイナンス（ドル供給の増加）が回りまわって米国自身の金余りを招く状況に変化は見られません。他方で、**危機が起こった際に、ＦＲＢが海外にもドル供給を行ったのは画期的でした。新型コロナ危機の際にも、同様の措置が採られて、パニックを未然に防ぎました。**

ＧＦＣは金融業主導の経済モデルの限界を示しました。資金が国境を越えて瞬時に自由に移動する世界で、コンピューターの力を使って利益を上げていくのは未来的ではありましたが、それに従事している人々も内在するリスクを十分に把握していなかったことが明らかになりました。うまく行っているときの利益は業界内で分配し、リスクが顕在化して金融危機が生じたら、そのコストは社会全体で負担する（失業、倒産、財政による銀行救済等）のは不合理だという意見が強く出された一方、そうしたモラルハザードを避けるために銀行への公的支援をためらっていては経済的ロスがどんどん拡大してしまうという現実もありました。しかし、国によっては、金融セクターが肥大化しすぎて、公的支援で救済しきれない場合もあります。そうなると、金融セクターに国家財政が引きずられ、一蓮托生となってしまいます。ユーロ危機では、まさにそれが起こりました。

コラム　国際金融は誰が運営しているのですか？

主権国家の集まりである国際社会において拘束力のある決定を行うためには、影響を受ける国自体の合意が不可欠です。一方、国際金融の分野では、経済力や市場規模等の大きな国々の行動が事実上他国に影響してしまうこともありますし、民間企業の行動が実質的なスタンダードとなることもあります。

法的な拘束力があるのは、国際機関での決定です。国際機関に加盟している国々は、その機関が正式に決定した事項に従う義務があります。

例えば、ＩＭＦや世界銀行のガバナンスは3層構造になっています。最も権威が高いのが総務会です。これは各国を代表する総務（財務大臣や中央銀行総裁等）が集まって重要事項を議論し、投票を行う場です。すべての加盟国（株主）が参加するという意味で、企業における株主総会に当たります。最重要事項（増資、協定改正等）は多数決のハードルが上がるため、最大株主の米国に事実上の拒否権が与えられています。決定事項の全てを大臣や総裁の投票にかけていてはとても効率的ではありません。

そこで、総務会は多くの事項の決定を理事会に委任しています。理事は加盟国間の選挙で選ばれますが、投票シェアの大きい国（大株主）は一国で一人の理事を選ぶことが認められ、小国は数ヵ国が集まって理事を出します。24人（IMF）ないし25人（世界銀行）の常駐の理事会は、週に複数回会合して、例えば融資プロジェクトの承認や予算の承認等、機関の日常業務の決定を行います。理事会は、企業における取締役会に当たるものですから、機関の職員（スタッフ）が作成した提案を議論し決定すると同時に、機関の業務遂行を監視します。

理事会の議長は職員の長です。IMFでは専務理事、世界銀行では総裁と呼ばれ、会長兼CEOといったところです。専務理事・総裁は、立候補者の中から理事会によって選ばれ、組織のパフォーマンスに責任を持ちます。なお、総務会と理事会の中間的な存在として、理事を出している国々の総務が集まる会合がありますが、決定権限はありません。

加盟国の投票シェアは基本的に出資シェアを基に決まり、出資シェアは数年ごとに行われる増資で、加盟国の経済規模を重視しつつ、各機関に重要と思われる要素を加味した計算式に基づいて決められます。最近では中国が急速な経済成長を反映してシェアを増やしていますが、かつては日本が同じ立場にありました。多くの国は、シェアが相対的に低下して発言権を失うことに抵抗するので、増資額の配分は常に厳しい交渉を伴います。

国連総会が一国一票なのに対して、国際金融機関は加盟国に出資額に応じた発言権（投票シェア）を認めています。それは、金融機関である以上、より多くの資金を提供している国が融資の適切な遂行により大きな関心を払うのは当然である、という考えに立っているからです。言い方を変えれば、借り手の声が大きくなるほど、信用リスクに十分配慮しない融資が行われかねない、との懸念に応えるガバナンスの仕組みです。他方で、一部の地域開発銀行では、域内国（ほとんどが融資対象国）の投票シェアが過半数を上回っているものがあります。また、2015年に発足したアジア・インフラ投資銀行（AIIB）では中国が30%以上の独占的な投票シェアを持ち、しかも理事会が常駐ではありません。こうした国際機関では、政治的な配慮からの決定が行われないよう、業務の監視に一層の注意が必要になるでしょう。

いくつかの国が集まって議論をする場として、蔵相・中央銀行総裁クラスでは、1960年代に既にG10（米、英、独、仏、日、伊、加、蘭、白、スウェーデン。1984年よりスイスも参加）というグループで国際通貨問題に関する意見交換が行われており、やがてG5（米、英、独、仏、日）そしてG7（米、英、独、仏、日、伊、加）が形成されていきました。アジア危機の後になると、新興市場国も含めた場で国際金融の諸問題を議論するのが適当だろう、との考えからG20が創設されました。現在は先進国の相対的な地位が低下していますので、G20の持つ意義がますます高まっています。2007～2009年の世界金融危機の際には、G20の首脳会議も創設されました。

その他にも、特定の技術的な問題を話し合う専門家のグループ（例：バーゼル委員会、FATF）や地域的な会合（ASEAN＋3）等があり、参加国はいろいろな場で恒常的に議論を重ねています。会議が多すぎるとか、会議の参加者が多いと効率的な議論ができない、といった意見は常に出されていますが、国際金融の諸問題を「民主的」に解決していこうという傾向は今後とも強まることはあっても弱まることはないでしょう。従って、ますます多くの会議が生まれるだろうと予測するのが妥当なようです。

第9の危機　絶体絶命のユーロを救った「一言」とは？
――単一通貨導入、ギリシャ危機、ドラギマジック

ユーロ危機と究極の選択

　1999年に導入された単一通貨ユーロは、ドルに並ぶほど強力で国際的に活用される通貨（準備通貨）を創設するとの政治的な意図の表明でもありました。しかし、わずか十数年後に空中分解の危機に直面してしまったのは、一体なぜでしょうか？

　危機に直面したとき、自国通貨を捨ててユーロ参加を選んだ諸国は、ユーロが崩壊して再度自国通貨に戻らざるを得ない事態を恐れました。移行過程の混乱もさることながら、自国通貨に戻ると、欧州通貨の「強者」（ドイツ等の北部諸国）と「弱者」（南欧諸国等）がはっきりと区別されてしまうからでしょう。統一感が薄れれば、欧州の政治的・経済的な統合が後退するリスクがあるのです。

　しかし、ユーロ圏の国々が次々と危機に陥ると、ついにスペインやイタリアといった大国からも投資家が離れ始めました。大国がサドンストップに直面して資金繰りが困難となってしまったら、他のユーロ参加国や国際機関等が公的に支援するのは不可能です。何し

ろ、支援に必要な額が大きすぎます。資金繰りを回復するには、自国通貨に戻るのが早道ですが、それはユーロの解体に他なりません。究極の選択が近づく中、国際社会が投資家をつなぎとめるため懸命な努力を払います。ところが、**ユーロ崩壊の絶体絶命のタイミングでユーロを救ったのは、大量の資金でも厳しい緊縮政策でもなく、ECB総裁のたった一言でした。**

欧州通貨統合に至る道

まずは、欧州諸国間の経済関係を密接不可分なものとするプロセスの帰結として、ユーロが位置付けられていたことを想起しましょう。

スネーク（ヘビ）

ブレトンウッズ体制下では、他の通貨間同様、欧州諸国通貨間の為替レートは相互に固定されていました。ブレトンウッズ体制が崩壊した後も、欧州諸国間は貿易や投資等の経済関係が密接だったので、為替レートが相互にあまり変動しない方が望ましいとの理解が共有されています。そこで、スミソニアン合意ができると、当時の欧州経済共同体（EEC）加盟国（ベルギー、フランス、西ドイツ、イタリア、ルクセンブルク、オランダ）はそれぞれの通貨の対ドルレートの変動幅よりも、相互の為替レートの変動幅を小さくすることに合意しました。この仕組みは、大きなレンジ（対ドル）の中に、小幅のレンジ（対ＥＥＣ通貨）があるという意味で、「**トンネルの中のヘビ**」と呼ばれました。

その後スミソニアン合意の崩壊とともに各国は変動相場制に移行したため、対ドルのレンジのなくなったＥＥＣ通貨間の取り極めは「**トンネルから出たヘビ**」と呼ばれることになりました。いずれにせよ、ＥＥＣは、各国通貨が対外的にはほぼ一体の塊として動くことを選びました。

単一通貨参加条件

ＥＥＣが拡大して欧州共同体（ＥＣ）となり、通貨間の取り極め（ＥＲＭ）への加盟国も増加しますが、１９９２年に調印されたマーストリヒト条約では、欧州連合（ＥＵ）への移行を定めるとともに、各国が単一通貨を含めた経済通貨同盟の創設に同意しました。そのために参加国は経済パフォーマンスを収斂させることにコミットします。各国の経済動向がバラバラでは、強い通貨と弱い通貨が現われて、固定相場が維持できないからです。これが**有名なマーストリヒト・クライテリア**（収斂基準）で、具体的には次の条件ですが、その中で最もよく知られているのが（２）の財政条件です。

（1）インフレ率が、参加国の中でインフレ率の低い3ヵ国の平均値プラス1・5％を上回らないこと。

（2）財政赤字がGDP比3％を上回らず、債務残高がGDP比60％を上回らないこと。

（3）為替レートが過去2年間ERM内の通常の変動にとどまっていること。

（4）長期金利が、参加国の中でインフレ率の低い3ヵ国の平均値プラス2％を上回らないこと。

ユーロ導入

ひとかたまりのEC通貨の価値を計算して、1999年、ユーロが会計上の単位として導入され、2002年からはユーロ紙幣とコインが発行されて各国の独自通貨は姿を消しました。**二度と欧州国家間で矛を交えないという理念に基づいて開始された欧州統合プロジェクトは、前進や後退を繰り返したものの、ついに単一通貨創設の目標を達成したわけです。**マーストリヒト条約当時、フランスのミッテラン大統領は、「共通通貨のシステムがなければ、ヨーロッパも存在しない」と発言したそうですから、政治的リーダーたちの不退転の信念を感じさせます。問題は、ユーロの制度設計が適切であったか否かです。

最適通貨圏

政治的理念としての単一通貨導入は理解できますが、それでは経済的な合理性はどうでしょうか。その問題を考えるときに参考になるのが、経済学者のロバート・マンデルが提唱した「**最適通貨圏**」の概念です。

例えば米国のように広大な国では、州や郡によって産業構造が違いますし、労働者の量や質も異なり、自然災害で一部地域だけ経済的打撃を受けることもあるでしょう。このような地域による相違にもかかわらず、米国が単一の通貨（ドル）と単一の金融政策を用いて発展しているのは、**四つの条件**が満たされているからだ、とマンデルらは考えました。**第一に、域内での労働者の自由な移動です。不景気な地域から好況の土地に労働者が移動することで、失業が一部地域に固まらないようにできます。第二に価格や賃金が柔軟に動いて、域内での市場原理がきちんと働くことです。第三に、中央政府による財政移転です。好況地域で徴収した税財源を不況地域で支出することで、地域間の景気や失業の格差を縮小できます。第四に、景気循環のサイクルが似ていることです。**

ここで含意されているのは、大きな経済圏の中の一つの地域は好況で、失業率が低く、物価も上昇傾向にある一方、別な地域が不況で、失業率が高く、デフレ傾向にあるような場合、両者の相違をならす（均質化する）ような力が働かなければ、一つの為替レートや金融政策が両者双方にとって適切ということはない、ということです。換言すれば、相違をならす仕組みがなければ、こういう場合には好況地域と不況地域がそれぞれ独自の通貨と金融政策を持ち、不況地域の金利を下げ、為替を切り下げて産業の競争力を回復するのが望ましい、ということになります。

単一通貨導入を目指す欧州のリーダーたちも、当然こういう道理は理解していました。そのため、通貨統合に向けて時間をかけて進む過程で、労働力の欧州域内での移動の自由を確保し、マーストリヒト・クライテリアで域内のインフレ率の収斂を狙いました。域内は単一市場となり、資本や商品が自由に移動できます。経済的に遅れている地域には補助金も支給されます。実際、英国やドイツには南欧や旧東欧地域出身の多くの労働者が見られるようになりました。

もっとも、いかに労働者の移動が自由であっても、欧州各国間の文化や言語の違いを考えると、人々が好不況の波の合間に簡単に移動する状況は想像しにくいものでした[52]。また、財政規律の弱い国では、マーストリヒト・クライテリアに即した財政改善がなかなか起こらず、何度も例外措置が採られます。各国の経済構造の相違は継続していますし、後発地域への補助金の規模も小さく、それによって景気循環のサイクルが各国で一致してきたとも言えません。自国の税財源が他国で景気刺激に使われることを国民が受容するには、事実上の連邦制に移行しなければなりませんが、それには各国間の意見の隔たりが大き過ぎました。むしろ大国の間では、EUの共通予算はなるべく小規模にしたいという力学が働いていました。

ユーロが導入されてからも、こうした状況に大きな変化はありません。それどころか、2000年代前半にドイツが厳しい構造改革を行い、製造業の賃金水準を労働生産性にあわせて輸出競争力を回復したのに比して、南欧諸国等は生産性を上回る賃金レベルを享受して競争力を失っていきました。その結果、大きな経常黒字国（ドイツ）と大きな経常赤字国（南欧諸国等）が一つの通貨で併存していましたが、その双方に適した為替政策や金融政策は存在せず、結局中途半端になってしまいます。つまり、**ユーロ圏は最適通貨圏の条件を満たしていなかったと思われます。**

一方で、**単一通貨導入への市場の期待は高く、大きな財政赤字を抱える南欧諸国の金利**

（52）EU内の比較的貧しい国から比較的豊かな国に移動した労働者の中には、金融業や医者等のプロフェッショナルな人材が多く含まれており、これらの人々は長期的に移住するので、景気循環の波をならす目的には適合しません。また、高スキル人材が出て行ってしまった地域は、かえって経済成長の潜在能力が低下した側面があります。

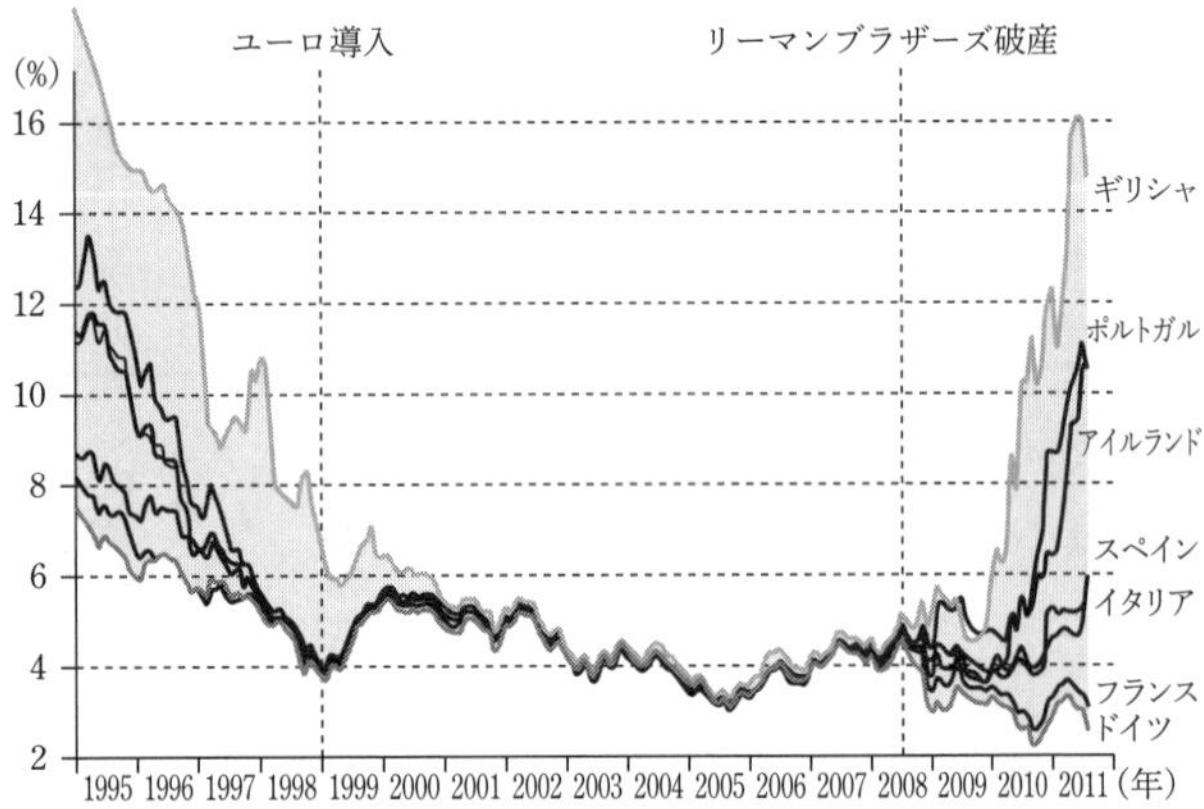

10年国債の金利動向（出典：Thomson Reuters Datastream）

水準が劇的に低下します。一つの通貨を使っていると言っても、財政状況の異なる国々の発行する国債の金利はそれぞれの国の信用度に応じて定まるのが原則です。しかしながら、単一通貨発足後にある国が財政危機に陥ったとしたら、ドイツをはじめとする財政の健全なメンバー国が支援してデフォルト回避に動くだろう、と市場参加者が想定した結果、南欧諸国の国債も積極的に買われて、金利の低下につながったのです。

　また、競争にさらされていた中小の銀行が、為替リスクがなくなったことを契機に欧州内で少しでも高リターンの投資を探して、南欧諸国等での活動を増大させたことも、それらの地域での金利水準を低下させました。つまり、**急激な金利の低下は、決して財政赤字国で規律が改**

善した結果ではなく、かえってこれらの国の借り入れを容易にして、財政赤字をむしろ増やしてしまう結果にもなりました。また流入した資金が生産設備や教育といった未来への投資ではなく、むしろ不動産ブームを引き起こす等、経済のファンダメンタルズを悪化させることにもなりました。

ユーロ危機

２０１０年のギリシャ危機は、財政危機でした。巨額の財政赤字を嫌った海外投資家がギリシャ国債の購入をストップし、その他の資産からも資金を引き上げたことで危機となりました。それは、**過去何度も繰り返されたサドンストップのパターンです。違いがあるとすれば、従来は新興市場国や低所得国がサドンストップに見舞われていたのに、今回は先進国が危機になったということです。その共通点は、どちらも外貨で借り入れていたからです。**

そう言うと、ユーロは外貨でなく、ギリシャの通貨ではないか、と指摘されるでしょう。全くその通りですが、ユーロはユーロ圏の共通通貨であるので、ギリシャが単独でユーロに関する決定を行うことはできません。ギリシャ国債が海外投資家に不人気になったから、ギリシャの金利を引き上げようとか、為替レートを安くしようとか、極端な場合には国債を中央銀行に購入して買い支えてもらおうといった、普通の主権国家であれば何でもないことがギリシャにはできませんでした。ユーロに関してギリシャに通貨主権がなかった以上、外貨で借り入れていたのと同じことだったのです。

ギリシャ危機は、ユーロという通貨の存在と、その設計・運営への疑念を投資家の間に広め、ユーロ圏内の比較的脆弱な国々に伝播していきます。サドンストップの連鎖と言っても良いでしょう。金融機関は資金繰りの悪化と不良債権増加に苦しみ、政府は公的資本の注入で資本増強を図ります。同時に、危機に陥ったユーロ圏諸国は、厳しい調整（緊縮）と外部からの資金供与という、「伝統的な」対応を行いました。単一通貨のユーロは、究極の固定相場制ですから、危機対応も固定相場制時代と同じになるのは当然です。つまり、ユーロ危機は、「古臭い」危機でもあったのです。ギリシャでは、それに加えて、債務削減が行われました。

要するに、**これまでお話ししてきた１００年間の国際金融危機の要素がすべて顔を出す、危機の総決算の様相を呈したわけです。**まず、各国ごとの危機の概要を眺めた上で、危機が最終的にどうやって収束できたのか、今後再度危機が発生する恐れはないのか、という点を考えていきましょう。

ギリシャ危機

ギリシャは伝統的に左右対立が激しく、頻繁に政権交代が起こる国でした。その際、新たに政権に就いた勢力は支持者を公職に就けるので、公務員の数が非常に多いと言われていました。公務員が全員出勤すると机の数が足りない、とまことしやかに語られました。加えて、一般的に定年年齢が低い、各種の年金制度は支給水準が高い、非効率な国有企業が多い、納税意識が低い等、財政基盤は脆弱でした。

そうした中、米国発のGFCで市場のリスク警戒度が上がり、「金利スプレッド[53]」が上昇し始めていましたが、2009年10月に成立した左派政権は、いきなり市場を激震させる爆弾発言を行いました。前政権は財政赤字を粉飾しており、同年の財政赤字見通しは前政権の言うGDP比3・7%ではなく12・7%に上る見込みであるというのです。これは金融市場にショックを与え、国外の銀行や投資家は資金の引き上げに動きました。おそらく、**国際金融史上、最悪のオウンゴール**でしょう。

ギリシャは資金繰りに行き詰まり、2010年5月、IMFとプログラムを組んで、

(53) 安全資産と目される資産との利回りの差。この場合は、ギリシャ国債とドイツ国債の市場での評価の違いを反映して、ギリシャ国債の利回りがドイツ国債よりもどれくらい高いか、という数値です。

欧州内およびユーロ圏諸国の支援を受けました。ＥＣＢも資金供給で助けます。ＩＭＦのプログラムは厳しい緊縮財政を中心に、規制緩和や民営化という構造改革を盛り込んだものでした。通常のＩＭＦプログラムでは為替の切り下げと金融引き締めが含まれるのですが、ユーロ圏に属するギリシャでは、そのどちらの措置も単独で採ることができません。その分、財政面の条件が厳しくならざるを得ませんでした。国内のデフレ政策によって為替切り下げと同じ効果を生み出すことを「インターナル・デヴァリュエーション」と言いますが、まさに**金本位制下で貧しい労働者を犠牲にして経常収支赤字を削減したのと同じことを、現代の先進民主主義国家で行おうとしたわけです。**

他方で、ＩＭＦや欧州諸国からの支援は、結局欧州の銀行の債権回収を助けているだけだ、との批判もありました。実際、フランスやドイツの銀行は急速に融資額を減らしていました。お金に色目はありませんが、欧州諸国やＩＭＦといった公的債権者から供与された「外貨」（ユーロ）が、債権者の外国民間銀行への融資返済に実質的に充てられて、それ以降の財政赤字は公的債権者によって支えられるようになったと言うことができます。

強烈な緊縮政策のため、実質ＧＤＰは26％も縮小します。これは大恐慌時の米国の景気後退に匹敵する規模です。ストライキが頻繁に起こり、約束した構造改革は遅々として

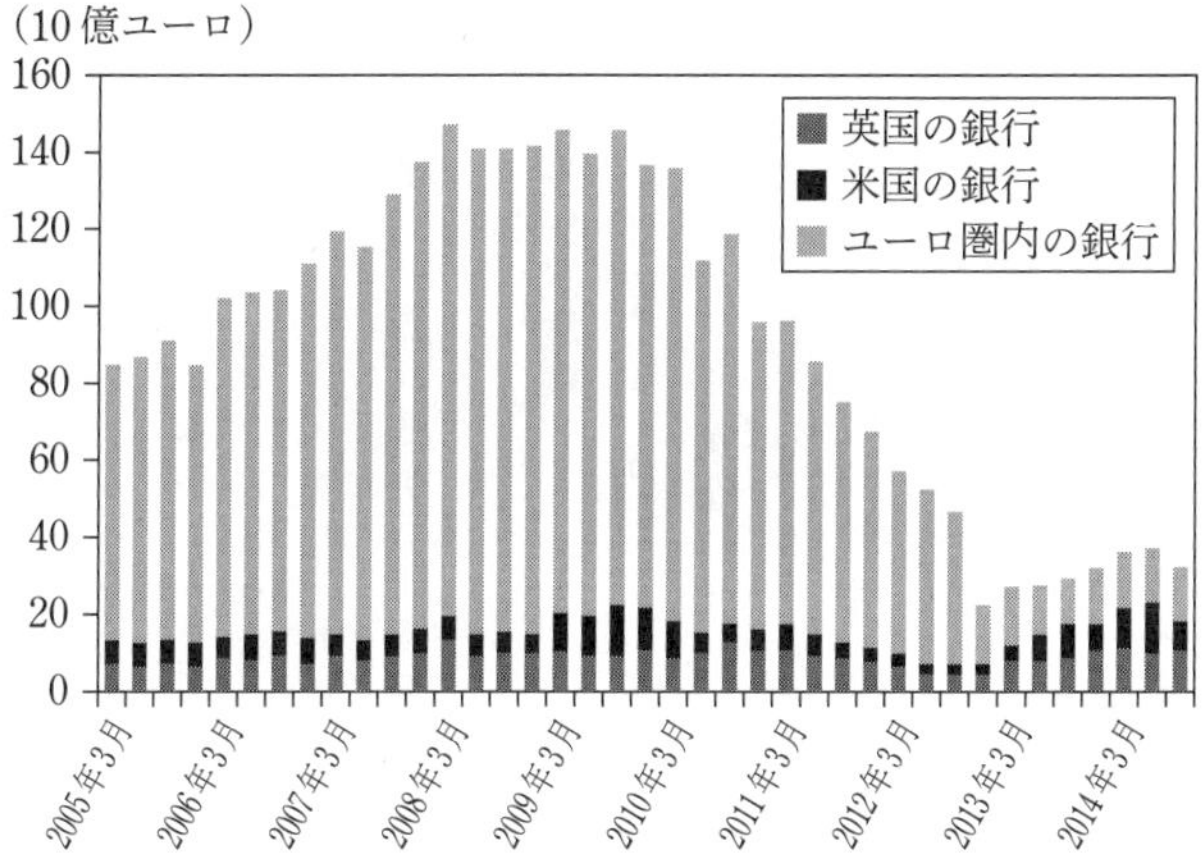

ギリシャに対する外国銀行の債権（出典：国際決済銀行）

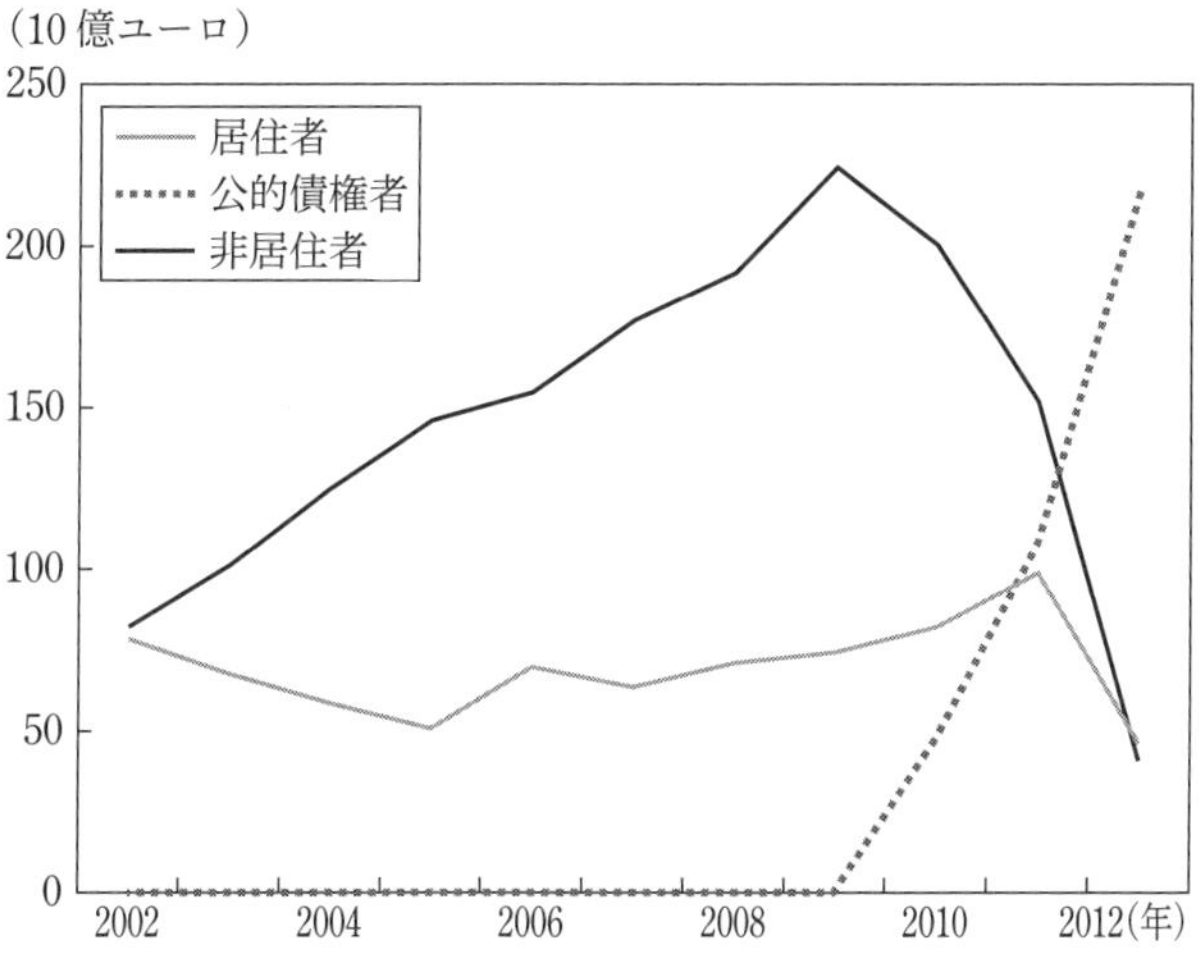

ギリシャの一般政府債務の借入先（出典：ギリシャ当局、IMF）

進まず、分母のGDPが縮小するので債務のGDP比も思ったようには減りません。そこで2012年3月に民間債権者の保有する国債を、額面がほぼ半額の新しい国債と交換する形で債務削減が行われました。

こうした状況で、緊縮政策の継続を拒否する極左政権が2015年に誕生します。しかし国民はギリシャのユーロからの離脱（「グレグジット」と呼ばれました）は支持しなかったため、結局緊縮財政が継続されました。

アイルランド危機

もともと農業国で比較的貧しかったアイルランドは、低い法人税や英語を公用語とする有利さ等で海外企業を誘致し、1990年代後半より高成長を遂げてきました。その過程で生じた不動産バブルが2007〜2008年をピークに崩壊すると、銀行セクターに不良債権が累積しました。**投資家が銀行の健全性に疑問を持ったため、銀行は資金調達に苦しみ、銀行からの新規融資が急速に減少した結果、実体経済が悪化します。**

アイルランド政府は、銀行の信認を高めるため、銀行のすべての債務を保証し、銀行を国有化して資本注入します。その結果、投資家や預金者にとって、銀行の健全性を信じるのは、アイルランド政府の保証を信じるのと同義になりました。つまり、**銀行のサバイバ**

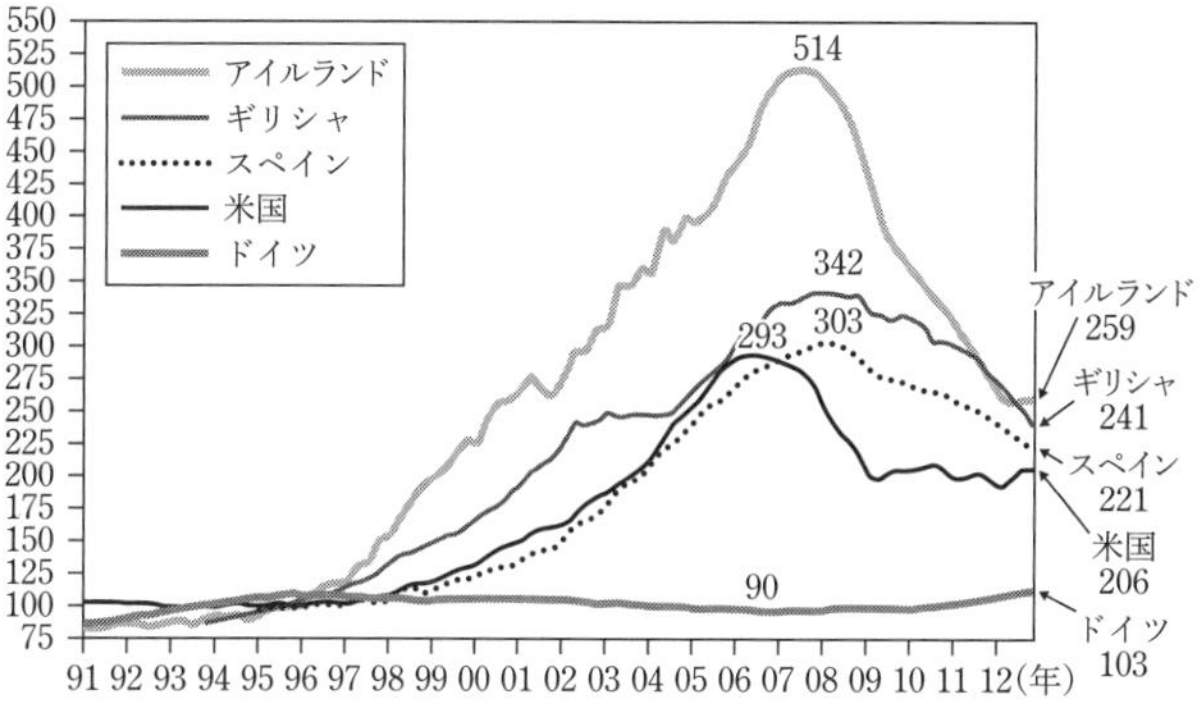

アイルランドなどの住宅価格の推移（1995年末＝100、出典：野村総合研究所）

ルが国家財政のサバイバルと事実上一致したわけですが、銀行の総資産合計はピーク時にGDPの5倍にも達していたので、とても国家保証の手に負えないのは明らかでした。黒字を続けていた一般政府の財政も、2008年にGDP比7％の赤字となり、2010年には32％まで赤字が拡大します。2010年12月、アイルランドはIMFと欧州諸国の支援を受け入れるしか選択肢がありませんでした。

スペイン危機

スペインでも不動産バブルが崩壊し、銀行が民間向け融資残高をほぼ半減させたため、急速な景気後退が起こります。失業率は25％を上回りますが、スペインでは労働市場が正規労働者と主に若年層からなる非正規労働者に二分されており、**24歳以下の若**

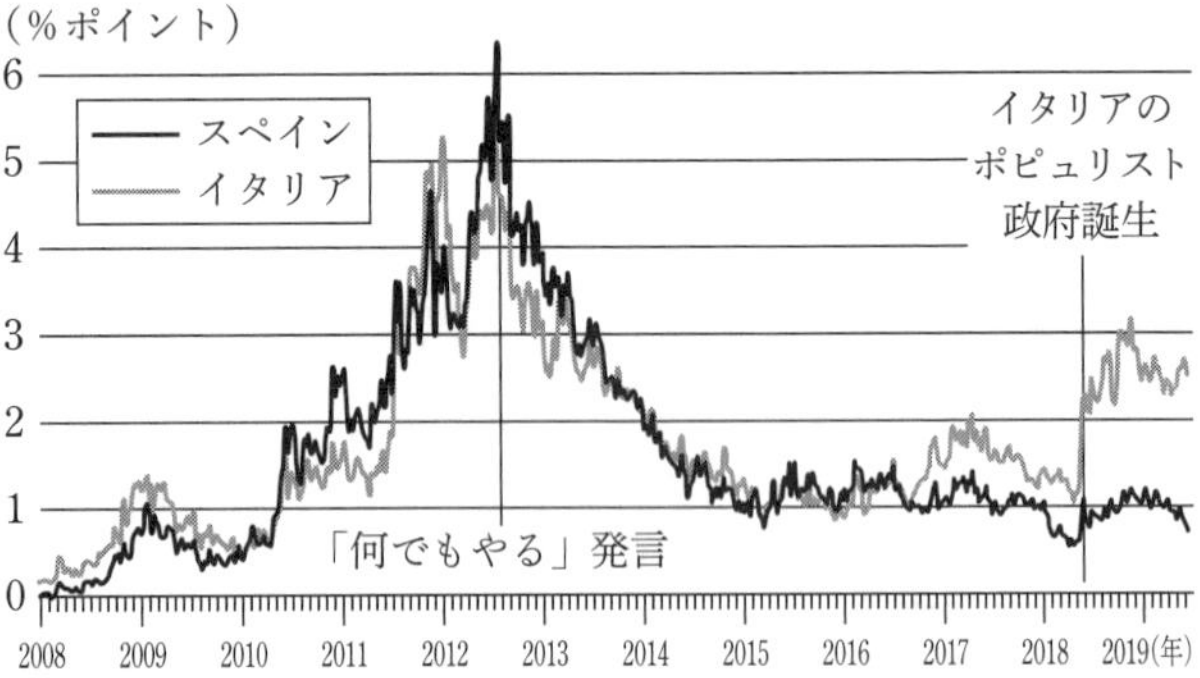

スペイン・イタリアの10年国債とドイツ国債との利回りの差の推移（出典：Refinitiv）

年労働者の失業率は55%（2013年）**という驚くべきレベルに達しました。**スペインはIMFに対し、銀行セクター改革のアドバイスを求めつつ、資金支援は欧州内からのみ受けることにしました。

ドラギマジック

ここに挙げた以外にも、ポルトガル、キプロス等で財政・金融危機が発生し、IMFとユーロ諸国が支援しており、イタリアでは危機までは至らないものの国債の金利スプレッドが急上昇する状況で、まさに**南欧諸国は火だるま状態**になりました。ギリシャのみならず、イタリアもユーロ脱退を余儀なくされるのではないか、とのうわさが広まる一方、ドイツ等の北部諸国がユーロから脱退して小グループで新たな単一通貨を作るべきではないか、との意見も出されていました。ユーロの将来は極めて悲観的にならざるを得ないものでした。

そのように危機が先鋭化していた2012年7月26日、**ECBのドラギ総裁は記者会見で、ユーロを救うためにECBは**「（権限の範囲で必要なことは）**何でもやる**」（whatever it takes）**と発言しました。**取り付け騒ぎのパニックを鎮めるには、十分なお金があることを見せるのが肝心ですが、**ドラギ総裁が見せたのは中央銀行のすべての能力でした。市場参加者はこの発言を信じたので、これ以降スペインやイタリアのスプレッドは急速に縮小していき、ユーロは危機を脱し、落ち着きを取り戻しました。**ギリシャの債務・財政問題は継続しますが、パニックは収まったのでした(54)。

危機の残したもの

ユーロ危機の源泉は、通貨統合のイメージが先行して、南欧諸国で財政状況からは正当化されない金利の急速な下落が起こり、それによって生じた好況と住宅バブルが崩壊した

(54) スペイン政府は民間コンサルタントを雇って銀行セクターの資本不足を計算させますが、2012年9月に発表された報告で不足額が欧州からの資金支援額の範囲で収まっていたことも市場の安心感を高めました。

ことです(55)。しかし、**そもそもその状況は、政治主導で通貨統合を性急に進めたことによって作り出されたのでした。**単一通貨に至る統合の道はとても美しいですが、統一のための経済的条件は整っているか、各国の国民レベルで通貨統合のもたらすプラスとマイナスについて政治的な合意ができているか、仮に統合がうまくいかなかったときの「逃げ道」は用意されているか、といったあたりの詰めが甘かったのではないでしょうか。

通貨統合を具体的に検討している国は欧州以外では極めて少数ですから、ほとんどの国にとって、ユーロ危機の経験から学ぶ教訓はないと言って良いでしょうか？

それは、やはり違うでしょう。もし学ぶことがないと言っては、数年間にわたり必死に危機を回避・解決しようと努力した国際社会と、不況に苦しんだ危機国の国民に失礼だと思います。では、我々はユーロ危機から何を学んだでしょうか？

（1）政治的理念は極めて重要ですが、やはり情熱が先に立っては危険な場合があると思います。EUのガバナンスについては、EU本部（ブリュッセル）の官僚組織が理詰めで考えた計画を、各国首脳が政治的バーター取引で決めていって、民意が反映されていない、という批判がしばしば寄せられています。これは、通貨統合に民衆の同意がなかったということではありません。ユーロが現在でも高い人気を得ているのは事実です。しかし、マーストリヒトクライテリアの遵守が参加条件だったのに、いつの間にか特例措置を乱発して南欧諸国のユーロ参加を許してしまうように、**政治的便宜で経済的合理性が捻じ曲げられたことが、ユーロの危機につながり、ひいては政治的リーダーとブリュッセルへの信頼低下につながっていると思います。**リーダーには先に立って世の中を引っ張るイメージがありますが、謙虚に庶民と歩みを合わせるのも、「急がば回れ」の危機回避かもしれません。

（2）ユーロ圏は日本や米国に比べると、はるかに財政規律を重視します。危機国への財政支援は加盟国全体のコンセンサスが必要ですが、ドイツやオランダ、北欧等の財政規律を極めて重視する北部諸国では、南欧諸国やアイルランドは規律に欠けた経済運営を行っていたのだから危機になったのは自業自得だという、倫理的な見方が広がっていました。ドイツ語で「債務」を表わす「Schuld」という単語には、「罪」という意味もあるほど、ドイツ語圏では債務を忌避する感覚が強いそうです。財政に対する考え方が全く異なる二つのグループがユーロ圏内に存在するので、危機国への支援を機動的に行うのは困難でした。

（55）アイルランドの金利も１９９０年代後半に下落しますが、アイルランドは財政の黒字化に成功していたので、金利低下が全く正当化されないというわけではありません。

こうした意見の相違はユーロ圏に限りません。市場と政府の役割、社会保障のあり方、格差への対応、規律と成長の優先順位、金融規制の強弱、財政赤字への抵抗感等のテーマへの考え方は国内でも往々にして意見が分かれていますから、まして国と国との間では様々です。いかに米国が世界最大の経済大国とはいえ、米国の考え方が常に勝つわけではありませんし、米国の考え方も政権や時代によって移り変わります。そもそも、各国の意見が一致する方が珍しい、という中で危機対応を行うのは簡単ではないのです。

（3）米国や日本でも同様ですが、銀行への公的資金による資本注入に対しては、バブルに乗って調子よく儲けていた銀行を、一般大衆が苦労して支払う税金で救うのか、という極めて大きな反発に直面します。加えて、失敗したときに公的資金で救われるのであれば、次回以降も高リスクのギャンブルを促しかねないというモラルハザードへの心配も、もっともなことです。

しかし、金融システムに影響が及ぶような重要な銀行が傾いたら、批判を乗り越えて資本注入や国有化を行わざるを得ません。救済しないコストがあまりに大きいからです。もっとも救済の財政コストも大きいのが悩ましいところです。**財政の持続可能性と銀行の健全性が一蓮托生となってしまうと、銀行を支援すればするほど国家の信用力が下がることになります。**国民生活は、いずれにせよ大きな打撃を受けるでしょう。

（４）ユーロ圏では、一国の危機が単一通貨の信認を直撃しますので、他の参加国が（仮に渋々であっても）公的資金を用いて危機国を支援しました。より一般的に考えても、単一通貨であるか否かにかかわらず、危機国に近接する地域の友好国が支援を行うのが自然のように思われます。危機の伝播の可能性を考えると、隣国の危機を早期に収束できれば、自国の利益にもかないます。

　アジアでチェンマイイニシアティブが作られたように、ユーロ圏でも危機の最中に作られた組織を統合して、２０１２年10月に「欧州安定メカニズム」（ＥＳＭ）が設立されました。[56] アジアと欧州のモデルにならって、今後同様のメカニズムが他の地域でも作られていくのではないでしょうか。

（５）ユーロは崩壊を免れましたが、ユーロ参加国が経済的にも政治的にも文化的にも一枚岩でないことが誰の目にも明らかとなりました。メンバー間の経済力格差は継続し、ギリシャ等は今後数十年にわたって緊縮政策を行って、支援を受けた国々に債務を返済することが義務付けられています。しかも、**「危機が起こらないように平時から財政規律を維持しておくべきだ」という考えと「危機の原因は問わず、危機の際にはユーロ圏全体の利**

（56）ＥＳＭは市中借入れを基に危機国に融資を行い、財政移転は行いません。

益を考えてすべての国の負担で危機国を支援すべきだ」とする考え方の間の溝は依然として埋まっていないのが実態です。仮に再度危機が発生したら、インターナル・デヴァリュエーションがもう一度強制されるでしょう。こうして考えると、**ユーロは当分の間、脆弱な巨人であり続け、ドルに代わる基軸通貨への道のりは遠いものと思われます。**

ユーロ危機は、先進国でもサドンストップに直面し得ること、硬直的な為替制度は問題を悪化させること、肥大化した金融セクターはそれ自体が大きなリスクとなること、投資家の信認が危機解決のカギであり、そのためには当局の肝の据わった対応が不可欠なこと等を改めて示しました。

さらに言えば、危機になってからそれを解決するのでなく、危機を未然に防ぐことの方が、はるかに重要であることも再確認しました。残念ながら、未然に防いだ危機は国民の目には見えません。危機予防のため、事前に財政・金融政策を引き締めたり、規制を強化したりすることは、おそらく不人気でしょう。

2000年代前半にはドイツに匹敵する生活水準（一人当たり実質GDP）であったイタリアは、その後生活水準が1割以上下落し、現在でもユーロ危機以前の水準を回復できていません。また、長期にわたって緊縮財政の継続が求められているギリシャの生活水準は、2000年代半ばのピークから2割以上低下し、その後も独仏との差が開くばかりです。こうした**数字を見ることで、ユーロ圏のみならず世界中の国が、平時から危機予防を真剣に考えるようになったと信じたいところです。**

コラム　EUは連邦国家に向かっているのですか？

新型コロナはEUでも猛威を振るい、特にイタリアやスペインでは多くの犠牲者を出しました。そして、旧東欧諸国や南欧諸国が医療体制の整備等の多額の財政資金についてEUの北部諸国からの支援を求め、北部諸国は自らの税財源が南欧等に移転するのを警戒するという、いつもの対立が現われました。しかし、今回がいつもと異なったのは、ドイツが東欧・南欧に歩み寄ったことです。

2020年7月、5日間にわたる首脳会議の後、EUは欧州復興基金の設立を発表しました。これは欧州委員会が債券発行で調達した資金で、3600億ユーロの融資と、3900億ユーロのグラント（返済の必要がない補助金）からなり、地球温暖化対策やデジタル化を進めながら、新型コロナからの復興にあたる資金を、すべてのメンバー国に供与するものです。スペインとイタリアがそれぞれ700億ユーロ程度を得る一方、ギリシャ、ブルガリア、クロアチア等も、実額は小さいものの、それぞれの国のＧＤＰ比で10％程度と相当な規模のグラントを得ることになります。グラントですから、各国の債務ＧＤＰ比を悪化させることはありません。

今回の決定が画期的と評価されたのは、財源がＥＵ全体の債務なので、北部が東欧・南欧への大規模な財政移転を事実上容認したと受け取られたからです。一部には、アメリカ独立に際して13州の債務を連邦全体の債務として統合したアレキサンダー・ハミルトン初代財務長官になぞらえて、ＥＵのハミルトンモーメントと評価する声もありました。ただ、実態を見るとそうとも言い切れないようです。

第一に、ドイツ等の北部では、今回の措置は一回限りの例外的なものと考えている人が多く、簡単に恒久化できるとは思われません。ＥＵという狭い地域で、一部の国々の新型コロナ対策が遅れれば、当然他のメンバー国にも感染が広がってくるでしょうから、今回はやむを得ない、という考えも理解できます。

第二に、グラントに充当される債券の償却財源は、欧州委員会が独自財源を新たに導入することになっています。現状では、リサイクルされないプラスティック容器への課税、デジタル企業への課税、CO_2排出規制の緩い国からの輸入品への課徴金等が候補となっていますが、北部諸国の税財源を移転するというよりは、外国企業への課税等、追加的な財源のように思われます。北部諸国の納税者に、税を負担しているという意識をあまり感じさせないように工夫している印象です。

第三に、EU諸国の国家予算のGDP比は平均で46％ですが、欧州委員会が執行する共通支出はEU各国の国民所得の合計の1％程度に過ぎず、各国からの拠出金と、一定の独自財源によって賄われています。今回発行する債券の償還のために追加される独自財源は、国民所得比0・6％なので、規模からいって財政の連邦化というには無理があります。

第四に、今回の決定はドイツが融和的だったので可能になりましたが、それでも首脳会議が5日間も紛糾しています。今後同じような仕組みが議論されても、簡単に財政移転が容認されるとは思われません。

そうはいっても、今回の基金設立等の経験が積み重なって、将来さらなる財政移転のメカニズムが受け入れられていく可能性は当然にあります。そうした進展次第では、ユーロ圏が最適通貨圏に近づいていくこともあり得るでしょう。

第10の危機？　次の危機はどこで起こるのか？

――新型コロナ、債務累積、資産価格高騰

次の危機は必ず起こる

ここまで、過去100年間の大きな危機を眺めてきました。これからは、将来について考えていきたいと思います。

我々は100年間にわたって、危機の原因とパターン、有効と思われる対処法を学んできました。本を開く前から「危機ミステリー」の犯人の目星がついているようなものです。

では、世界経済を崩壊させかねない大規模な危機はもう起こらないのでしょうか？　フランシス・フクヤマの「歴史の終わり」ではありませんが、我々は「危機の終わり」に立っているのでしょうか？

100年間の経験が我々に教えるのは、「必ず次の危機は起こる」ということです。それがどのようなものか、いつ、どこで起こるのか、は分かりません。しかし、経済活動の中で、「新しい」金融技術が生まれ、「新しい」財政支出が正当化され、「新しい」経済理

論が普及していけば、思わぬ形で信認の低下やサドンストップが出現してくる可能性が高まると思います。

あるいは、次の危機はそのように劇的なものではないかもしれません。時間をかけて歪みが累積し、人々の生活水準が停滞・下落する状況は、1990年代からしばらくの間日本が経験した姿です。**各国の少子高齢化の進展で世界の「日本化」を恐れる声が上がることがありますが、一方で、再生エネルギーへの移行過程ではエネルギー価格上昇、官民の投資増からくる高金利や増税等により、景気停滞が続く可能性が小さくありません。長時間かけて進行する生活習慣病のように、こうした停滞の方が解決の難しい、怖い危機と言えるでしょう。**

本書を締めくくるにあたり、次の危機の姿について、いくつか大胆に考えてみたいと思います。

新型コロナ危機

新型コロナのパンデミックが世界史に残る出来事であるのは間違いありません。それは多数の人々の生命を奪った社会的危機であり、国民の間に分断を生む政治的危機であり、そして移動の自由の制限から経済活動を急減速させた経済危機でした。これから人類は、

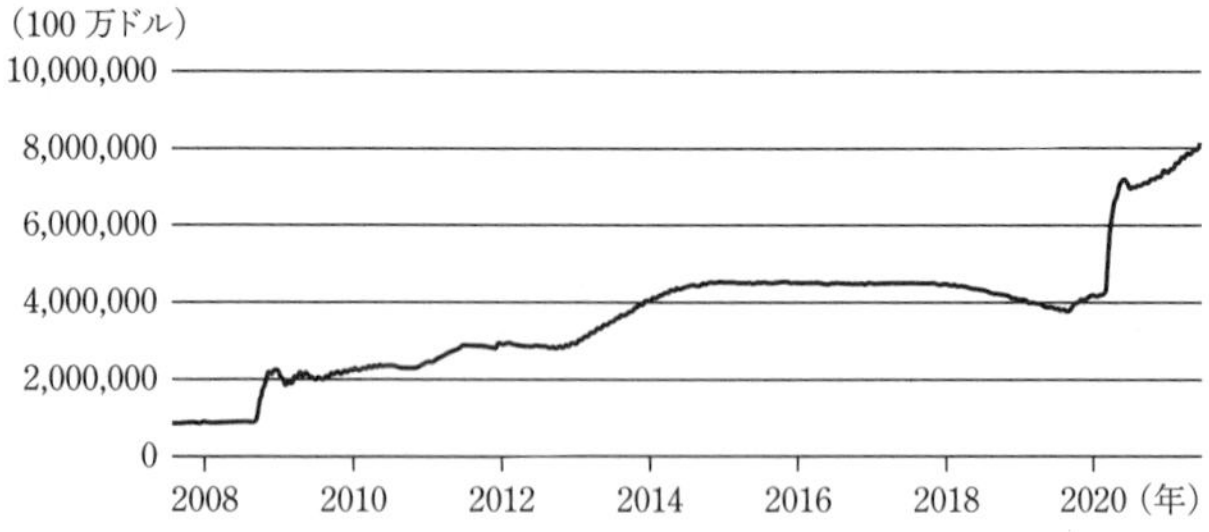

FRB のバランスシート（出典：FRB）

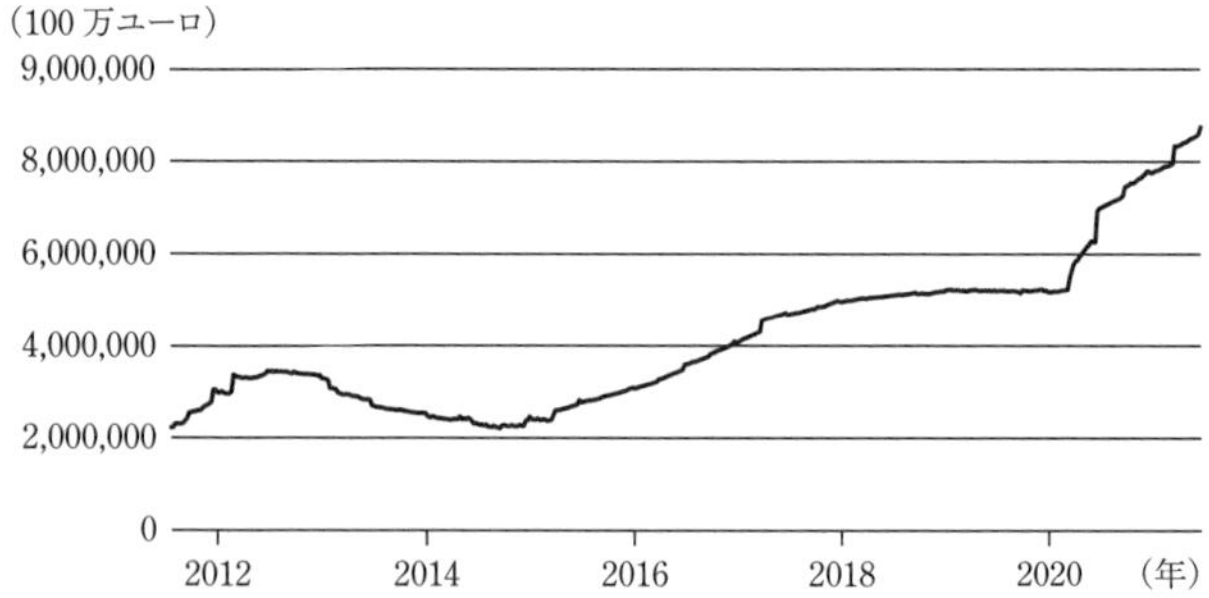

ECB のバランスシート（出典：ECB）

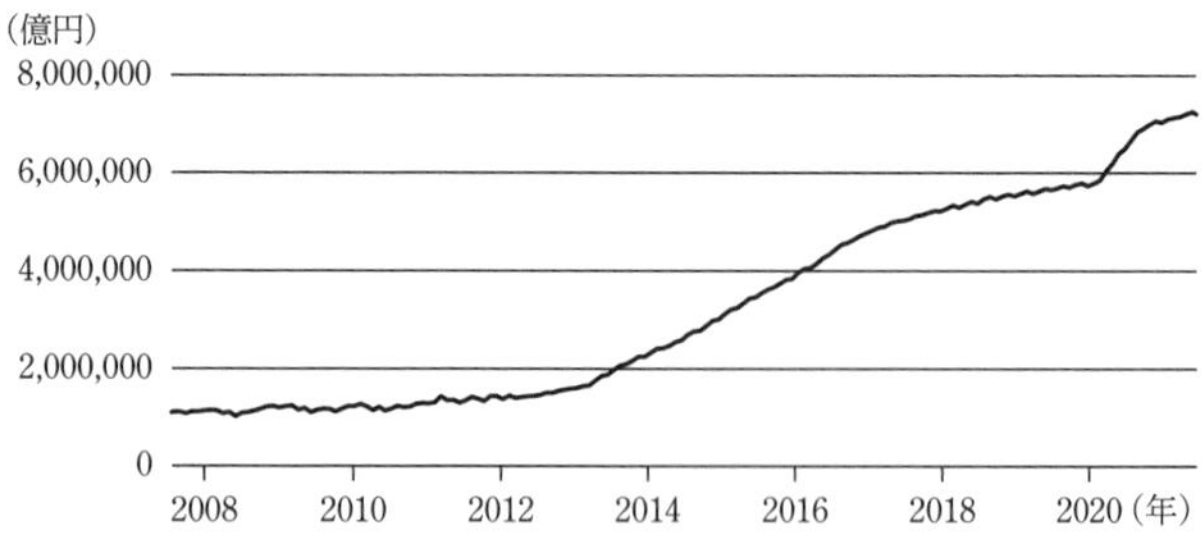

日銀のバランスシート（出典：日銀）

新型コロナと共存する「ウィズコロナ」の時代に入ると言われていますが、その過程で国際金融危機が起こるとしたら、どのようなものとなるでしょうか？

新型コロナ危機勃発後、主要国はそれが経済・金融上の危機とならないように政策を総動員しました。

金融政策では、各国で市場からの債券購入や企業の資金繰り支援が行われ、ＦＲＢやＥＣＢはインフレ目標の定義を変更して、一時的に２％を超えるインフレを容認する姿勢を打ち出しました。なお、ＦＲＢは、ＧＦＣのときと同様、主要国の中央銀行にドルを供給するスワップ取り極めを発動しました。

財政政策では、医療体制の強化や失業対策、企業への補償等を行って、世界的な恐慌を防ぎました。財政赤字は急拡大しましたが、世界的な金融緩和のおかげで国債の消化に大きな問題は生じていません。

また、Ｇ20では、２０２０年5月から、貧しい債務国からの公的債務の返済を一時的に免除しています。適格73ヵ国のうち40を超える債務国が、２０２１年末までに１００億ドル以上の債務返済を先延ばしする恩恵を受けました。

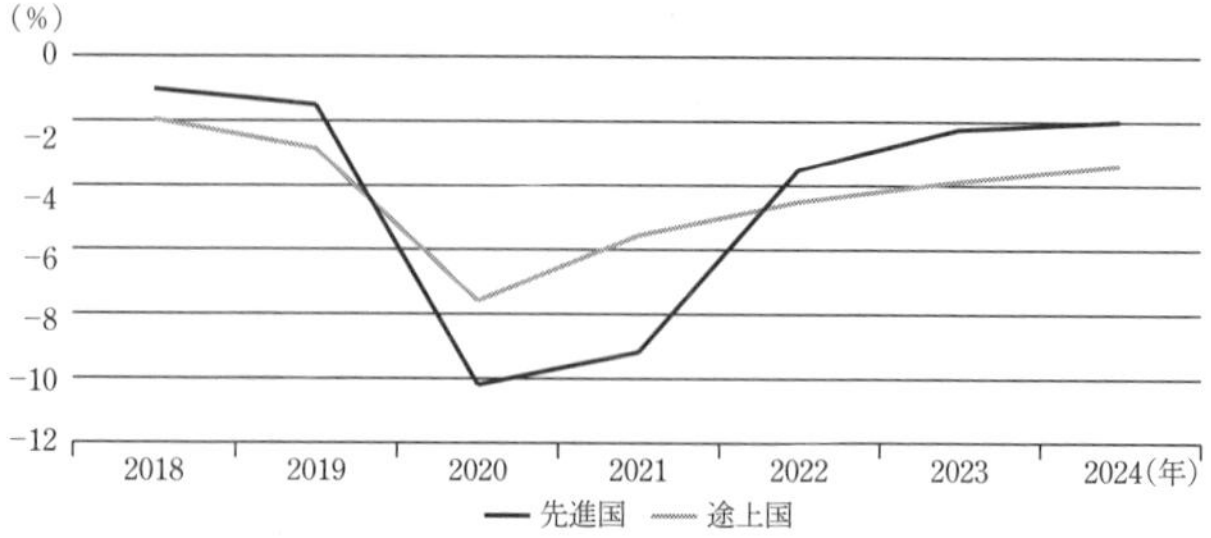

財政赤字GDP比（一般政府。出典：IMF見通し　2021年4月）

これらの政策的なサポートは、「ウィズコロナ」に向かって、段階的に後退していくはずです。その過程では、どのようなリスクがあるでしょうか？

ドルへの資金回帰

金融緩和が強力なほど、そして長期にわたるほど、そこから円滑に「正常化」していくのは難しくなります。その実例が、２０１３年夏のいわゆる「テーパータントラム」です。その年5月の議会証言でバーナンキＦＲＢ議長は、このまま国際金融状況が改善したら今後数回の政策会合において債券購入ペースの減速（テーパー）に向かえるかもしれない、と発言します。それまで超低金利で調達したドルを海外投資に振り向けていた投資家は、急速にドルに回帰します。その結果、経常収支赤字が大きい等の理由で脆弱と思われたブラジル、インド、インドネシア、南アフリカ、トルコの5ヵ国の通貨が大きく下落しました。

ブラジル、インド、インドネシア、南アフリカ、トルコの対ドル為替レート
(2013年5月21日＝100、出典：Refinitiv/Datastream)

現在米国では、足下の物価上昇が賃金上昇につながって、インフレが定着するリスクがあります。市場では２０２２年中にＦＲＢが複数回利上げをするだろうと予想していますが、利上げが遅れると、後々より大規模な引き締めを強いられることになるので、一般的には、遅れるよりは早めの「正常化」の方が望ましいと言えます。そうなると２０１３年と同様、新興市場国や発展途上国の通貨に下落圧力がかかるのは避けられないでしょう。

過度な為替下落を嫌う各国が利上げを迫られると、財政の維持可能性や金融機関の健全性に影響が及びますし、ドル建ての債務を負っている国々は債務危機にまで至りかねません。その結果、内戦や難民問題が深刻化する可能性もあるでしょう。また先進国であっても、銀行のドル資金繰りが難しくなると、国際金融危機に一歩近づくかもしれません。

資産価格の下落

超低金利環境で、人々は収益機会を求めて様々な資産に投資しています。典型的には株式市場です。ニューヨーク株式市場の指数（ダウジョーンズ、S&P、ナスダック）はいずれも新型コロナの世界的拡大が明らかになるとともに暴落しましたが、その後ほぼ2倍の水準まで上昇しています。富裕層だけでなく、一般大衆が小口のオンライン投資に参加しており、レバレッジ（資金を借りて投資すること）も一般化していると言われています。一方、住宅価格指数（S&P／ケースシラー）も同期間に十数％の上昇を示し、現在の水準はサブプライムローンによる住宅バブルがピークだった2006年のレベルを3分の1以上上回っています。

金融環境の「正常化」の過程で資産価格が下落する可能性は非常に高いので、その際に投資家が損失を吸収できるか、また住宅ローンや証券投資のための融資が不良債権化して金融機関の健全性を脅かさないか、が重要なポイントです。FRBは、資産価格の下落幅を抑えながら「正常化」を目指すはずですが、それが成功する可能性はまずないと思っておいた方がよさそうです。市場の振り子は過度に振れる（オーバーシュート）のが普通ですので、おそらく大規模な株価と住宅価格の調整が起こるものと思われます。価格下落に

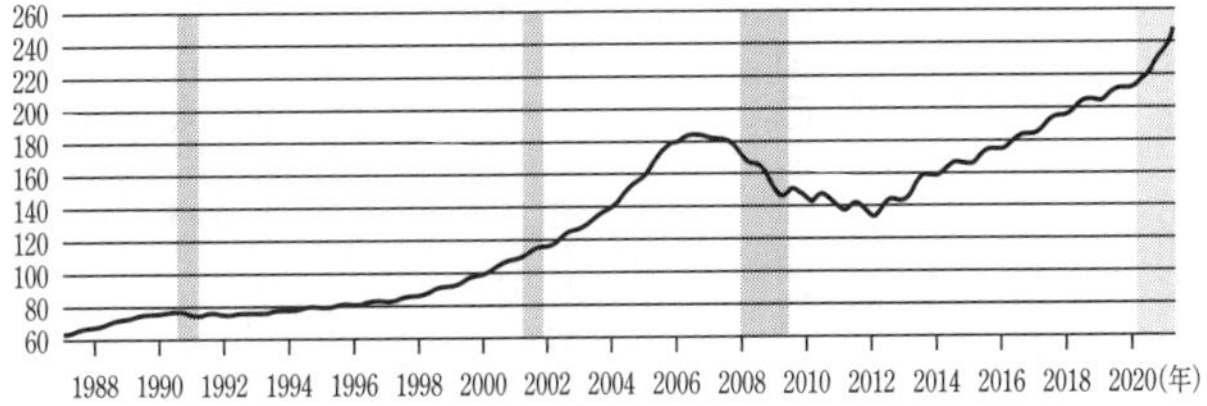

S＆P／ケースシラー全国指数（2000年1月＝100）

直面して再度の金融緩和を余儀なくされる可能性がありますが、それは将来により大きなバブルを先送りするだけです。特にニューヨーク株価の下落は国際的な影響も大きいので、実体経済は動揺すると思いますが、大手金融機関の破綻がなければ、国際金融危機までは至らないのではないかと思います。

民間債務全般

新型コロナ禍により、サバイバルのために債務に頼った企業や家計は多々あったはずです。例えば米国の非金融法人の債務（債券及び融資）残高は、２０１９年末から２０２０年央までの半年で約10％上昇して11兆ドルを上回りました。マイナス成長によるＧＤＰ（分母）の縮小と債務残高（分子）の増加の両方の効果で、多くの国の債務ＧＤＰ比率は上昇しています。**今後景気が回復すればＧＤＰ比は徐々に低下していくと想定されますが、同時に金利の上昇が予想されるので、債務返済の負担は必ずしも軽減しない恐れがあります。**

政策サポートの終了や、部品不足等から、これから企業倒産が増えていくと予想されますが、GFC以降銀行の資本が厚くなっていることを考えると、**民間債務→銀行破綻→投資家のパニック→サドンストップというルートのパニック的な国際金融危機の可能性は低いものと思われます。**

他方で、債務を負っている企業や家計は、債務残高の減少を目指すでしょうから、今後しばらく新規投資の停滞を招く可能性が高いと考えられます。その結果、民間設備投資が数年間力強さに欠けることとなり、景気回復ペースが遅れるとともに、**長期的なイノヴェーションにも悪影響が及ぶでしょう。それは、停滞を長引かせる形の「危機」をもたらすかもしれません。**

中国の民間債務

中国の国内債務残高は、２０２１年6月末にＧＤＰ比約２６５％で、２年間で約20％ポイントと急速に上昇しています。内訳を見ると、非金融法人が約１６０％ですが、家計債務の上昇（約60％）が目立ちます。他方、対外債務はＧＤＰ比約20％程度ですので、特に問題となるレベルではないでしょう。

最近、**民間不動産会社の巨大債務が話題になりますが、銀行に対する債務はあまりない**

ようです。**不動産業が中国のGDPに占める割合は高いので、**不動産会社の清算等は景**気の足を引っ張るでしょうが、直接的に金融システムの動揺は招かないと思われます。**一方で、特に地方政府が設立した第3セクターが銀行融資を基に土地開発等を大規模に進めていましたので、それが不良資産化すると、銀行セクターに影響が及ぶかもしれません。ただ、いずれにせよ**中国の銀行は、国際金融市場でのプレゼンスがまだそれほど大きくなく、また中国政府の財政余力を考えると、中国の民間債務が発端となる国際金融危機は考えにくいと思います。**

公的債務

新型コロナ危機対応の財政支出は、その規模においても期間においても、前例を見ないものとなりそうです。

特に米国では、バイデン大統領が積極的な財政支出パッケージを提案していますが、その前から、新型コロナ対応によって連邦純債務のGDP比は20%ポイントほど上昇して100%を上回っていました。最終的にバイデン大統領の提案がどの程度議会の同意を得るか分かりませんが、**しばらくの間、米国の連邦債務が100%を超えて推移するのは間違いなさそうです。それは第二次世界大戦直後以来の高水準です。**

日本でも、2020年度中に新型コロナ対策等のため3回の補正予算で70兆円以上の歳出を追加し、その結果一般会計歳出の6割以上を借金（国債発行）で賄うという戦後最悪の状況です。

財政状況の悪化は主要国に共通しており、IMFは一般政府ベースの債務残高GDP比は、G7のうち6ヵ国で2020年以降100%を超えて推移すると見通しています。米国は130%程度、日本は250%程度です。国の保有する資産を相殺した純債務残高のベースでみても、カナダとドイツ、イギリス以外の4ヵ国で100%を超えて推移し、米国は110%程度、日本は170%程度です。

新興市場国及び発展途上国の財政も悪化しています。IMFによれば、これら諸国全体の一般政府債務残高GDP比は2019年に54%でしたが、2020年に63%に急上昇し、その後2025年には70%を上回ると見込まれています。これは2008年時点の比率の2倍以上に相当します。

各国の財政赤字の状況は、今のところ問題となっていません。世界的な低金利で債務返済負担が比較的軽いこと、先進国では中央銀行が市場で国債購入を行っていること、途上国の一部は債務返済猶予の恩恵を受けていること等が要因です。しかし、**将来金融政策が「正常化」していき、特にドル資金が米国市場に回帰していくと、債務返済が困難となる**

新興市場国や途上国が現われるのはまず間違いないでしょう。散発的な財政危機は、従来同様ＩＭＦを中心とした支援で乗り越えられるはずですが、規模の大きな新興市場国がデフォルトを起こしたり、あるいは財政危機が広範囲に及んだりすると、それが国際金融危機へとつながる可能性が出てきます。その場合、大規模な債務削減といった対応に発展することもあり得ます。

先進国が財政危機に陥るか否かは、発行する国債を購入する主体がいるかどうかにかかっています。ギリシャの危機の際は、それまで発行額の3分の2程度を購入していた非居住者が、国債購入額をピークの4分の1以下に激減させた一方、居住者の購入額は半減程度でした。つまり、一般的には非居住者よりは国内居住者の方が国債購入を継続してくれるのではないか、と推測できます。その意味で、国内に一定の貯蓄が存在する先進国の方が、海外への依存度の高い途上国よりは財政危機に陥りにくいのかもしれません。もちろん、居住者でも国債を購入する気にならないほどの財政危機であれば、こうした推測は意味を成しませんし、逆に何があっても必ず非居住者・居住者が国債を買ってくれるような国であれば心配無用でしょう。他方で、どのような財政状況となっても自国通貨建ての国債を中央銀行が市場から購入し続ける限りは財政危機にならない、という見方もありますが、コンセンサスは得られていません。理屈では大丈夫でも、海外からパニックが伝播する可能性もあります。最悪のリスクは、米議会の政治対立で米国債がデフォルトすることですが、さすがにそれを避けるくらいの正気は残っていると信じたいところです。

先進国の財政危機は、いわゆるテールリスクで、可能性は低いけれど発生してしまったら甚大な損害をもたらす種類のリスクです。その場合、まず間違いなく、国際金融危機に至るはずですが、起こる可能性が低いことから、危機を未然に回避する措置に国民の支持を得るのは困難でしょう。

貧困問題

パンデミックによる世界的な経済活動の減速で、貧困率の再上昇は避けられません。世界銀行の試算では、**2020年に世界の貧困人口は8000万人ほど増えて7億3000万人程度となってしまったようです。これは概ね2015年頃の水準ですので、貧困削減の進展が約5年分逆行したことになります。**

貧困は人道上の考慮は当然として、経済的・社会的な分断を悪化させ、世界経済を不安定化させる潜在的な要因です。新型コロナ対策の面では、先進国からのワクチン供給や医療体制支援等、十分とはいえないまでも一定の努力が続けられています。しかし先進国自体が、自国の新型コロナ対策に忙殺されている中では、財源の捻出は簡単ではないかもしれません。

世界経済が再び順調な回復軌道に乗って、途上国経済が発展していくのが貧困削減の王道ですので、まずは先進国はじめすべての国々が経済再建に努めるのが重要です。合わせて、途上国のインフラや人材開発等への支援を透明性高く続けていくことが求められます。低所得国の経済規模は小さいので、それらの国の混乱が直接国際金融危機につながることは考えにくいにせよ、世界全体の福利厚生の向上という意味で、すべての国の利益につながります。

米国の「調整」

現在、米国の経常収支赤字はGDP比で約3％です。これは2000年代前半の不動産バブルに向かう時期よりはずっと小さいですが、日米貿易摩擦が燃え盛ったプラザ合意前後のレベルと同程度です。新型コロナ危機のため貿易が混乱していることもあり、米国政府が経常収支赤字の大きさを問題視しているようには今のところ見えませんが、政治的なスケープゴート探しがいつ起こっても不思議ではありません。

経常収支赤字に対する米国の伝統的な姿勢は、調整（緊縮）の拒否と黒字国の批判でした。では今回は誰を批判するのでしょうか？

実は中国は、最近経常収支黒字が急速に縮小しています。2018年には黒字はほぼゼロであり、直近でもGDP比2％弱です。日本は3％強、ドイツは7％ですから、仮に米国が黒字国批判に乗り出す場合には、中国のみならず、日独もターゲットになると覚悟しておく必要があります。

もし円高や内需拡大を求められたとしたら、日本は耐えられるでしょうか？　現在の円の価値は、実質実効為替レート（円ドルのように二国間ではなく、貿易相手国全体との関係で試算した円の強さ）で見ると、1970年代半ばのレベルに匹敵する円安ですので、円高に転換する根拠は十分ありますが、国民の支持は得られるでしょうか？　内需拡大にしても、金融政策の戦線は伸び切っていますし、財政余力もそれほどない中で、成長をもたらす構造改革を再度推進できるでしょうか？

しかし、**より大きな「危機」は、米国が「調整」をしてしまったときに来ると思います。**過去100年間の国際金融の歴史のほとんどの時期は、米国の需要が世界中から輸入を引き寄せることで世界経済の成長と発展を実現していました。裏を返せば、**米国の経常赤字のおかげで、世界経済は繁栄していたのです。**1970年以降、米国は第一次石油ショック前後、1980年前後、及び1991年前後に経常収支をゼロないしほぼ均衡させます。いずれも、米国が不景気となって輸入を減らした時期です。そして、世界経済の成長率は、これらのタイミングで0・4〜1・4％程度まで下落しています。

理屈から言えば、巨額の経常収支赤字を長期間継続する国は調整をすべきです。しかし、米国が調整をしたら、それに代わる需要を作って世界経済を支える国は出てこないでしょうし、米国以外の国がそれほどの経常収支赤字を出したら即座に為替レートが暴落するでしょう。つまり、**米国の調整は望ましいものの、それはほぼ必然的に世界経済の成長率低下をもたらします。移行過程でパニック的な危機が発生する可能性は高く、世界的な低成長に移行した後は、停滞による「長い危機」が起こるかもしれません。**

次の危機は？

新型コロナ対策の政策サポートがなくなったからと言って、すぐに国際金融危機の可能性が高まるわけではありません。しかし、未曾有の政策サポートが巻き戻されるのですから、何らかの動揺がないと思う方が楽観的でしょう。本章では、いくつかの危機候補を考えてみました。もちろん、全く予想外のダークホースが出てくるかもしれません。それらが本当の危機に至らないようにするのが、当面の国際社会の役目だと思います。

より長期的には、米国の経常収支赤字に頼った世界経済の在り方を見直すべきでしょう。というよりも、成長のために規律を軽視する我々の姿勢に反省が必要かもしれませ

ん。規律と成長は二律背反ではありません。成長重視で行って10年に一度の危機で後退するか、規律重視で着実に成長するかは選択の問題です。もちろん、高成長と規律が両立できれば、それに越したことはありません。

他方で、**規律の回復した社会では、どうやってイノヴェーションを維持し、「長い危機」に陥らないかが大問題です。**一つの答えは、気候変動のような人類共通の課題に取り組むことだと思いますが、口で言うほど簡単でないのは当然です。

いずれにせよ、**国際金融危機の観点からは、米国のマクロ政策に規律が戻り、国境を越える投資がリスク管理を強めていけば、世界経済の平均速度は少し下がるものの、同時に「交通事故」は減るはずです。**

では、事故はゼロにできるでしょうか？

それは次の１００年間が決めることです。

あとがき

ここまでお読みいただいたことに、感謝申し上げます。

「国際金融危機」と聞くと、ほとんどの人は何となく怖く感じて、敬遠したくなるでしょう。でも同時に、どこか海の向こうの遠くの方で起こることで、自分の生活には関係ないだろう、という妙な安心感もあるのではないでしょうか。

本書をお読みいただいた方々は、国際金融危機は訳の分からない魔物ではなく、フーテンの寅さんの言葉をもじれば、「それをやっちゃあ、おしまいよ」というくらい、原因がはっきりした出来事だと納得していただけるのではないでしょうか。そして、「それ」をやっちゃうのは途上国に限らず、国際金融秩序を先頭に立って引っ張っていたはずの先進国も同様なのです。その意味で、日本だけが「それ」をやらずに済む、と考えるのは楽観的でしょう。

最終章では、当面考えられる「危機の犯人候補」を大胆にリストアップしてみました。この種の予想の常として、必ず外れるとは思いますが、危機の予想ですから外れる方がありがたいと、心から思っています。ただ、想定外の「犯人」が現われるのも、この種の予想によくあることですので、そのようなことにならないよう、国際社会が一丸となって、適切なマクロ経済政策運営、金融セクターのリスク管理、そして経済構造の不断の改革に努めていってもらいたいと強く願っています。

本書の骨格になったのは、筆者が縁あって2016年以来受け持っている東京大学での講義ですが、技術的な要素や理論的な考察を減らして、大きな流れを捉えることに全力を尽くしました。また、執筆にあたって改めて「危機の本質」について考察したエッセンスも盛り込んだつもりです。国際金融についてご関心のあった方も、初めて国際金融に触れる方も、「ふ〜ん、そういう視点もあるのか」と思っていただければ幸いです。

本書執筆にあたり、講談社の佐藤慶一氏に大変お世話になりました。氏の的確なアドバイスと温かい激励のおかげで、ようやくゴールラインが切れました。

最後に、数ヵ月にわたる執筆期間中、全面的にサポートしてくれた妻と応援してくれた二人の娘に感謝します。

2021年12月　東京都内にて

宮崎成人

主要参考文献

書籍

Barry Eichengreen, "Hall of Mirrors" Oxford University Press, 2015

Benn Steil, "The Battle of Bretton Woods" Princeton University Press, 2013

Charles P. Kindleberger, "The World in Depression, 1929-1939" Allen Lane, 1973

J. M. Keynes, "The Economic Consequences of Mr. Churchill" The Hogarth Press, 1925

J. M. Keynes, "The Economic Consequences of the Peace" Macmillan & Co., 1919

行天豊雄『円の興亡　「通貨マフィア」の独白』朝日新聞出版、２０１３年

塩田潮『一〇〇〇日の譲歩　円はドルに勝ったのか』新潮社、１９８８年

船橋洋一『通貨烈烈』朝日新聞社、１９８８年

論文等

Congressional Research Service, "Systemic Risk And The Long-Term Capital Management Rescue" June 1999

Kihwan Kim, "The 1997-98 Korean Financial Crisis: Causes, Policy Response, and Lessons" July 2006

Stephen Grenville, "The IMF and the Indonesian Crisis" IMF Independent Evaluation Office, May 2004

飯島寛之「『ドル危機』の基本性格とアメリカ為替政策の展開――景気循環の視点から――」立教経済学研究、第58巻第4号、２００５年3月

伊藤隆敏「１９９７年アジア通貨危機　原因と深刻化の理由」国際問題Ｎｏ．５６３、２００７年７・８月

N.D.C.330　253p　18cm
ISBN978-4-06-526715-8

講談社現代新書　2648

教《きょう》養《よう》としての金《きん》融《ゆう》危《き》機《き》

二〇二二年一月二〇日第一刷発行

著者　宮《みや》崎《ざき》成《まさ》人《と》　

発行者　鈴木章一

発行所　株式会社講談社
東京都文京区音羽二丁目一二―二一　郵便番号一一二―八〇〇一

電話　〇三―五三九五―三五二一　編集（現代新書）
〇三―五三九五―四四一五　販売
〇三―五三九五―三六一五　業務

装幀者　中島英樹

印刷所　豊国印刷株式会社

製本所　株式会社国宝社

本文データ制作　講談社デジタル製作

定価はカバーに表示してあります　Printed in Japan

「講談社現代新書」の刊行にあたって

教養は万人が身をもって養い創造すべきものであって、一部の専門家の占有物として、ただ一方的に人々の手もとに配布され伝達されうるものではありません。

しかし、不幸にしてわが国の現状では、教養の重要な養いとなるべき書物は、ほとんど講壇からの天下りや単なる解説に終始し、知識技術を真剣に希求する青少年・学生・一般民衆の根本的な疑問や興味は、けっして十分に答えられ、解きほぐされ、手引きされることがありません。万人の内奥から発した真正の教養への芽ばえが、こうして放置され、むなしく滅びさる運命にゆだねられているのです。

このことは、中・高校だけで教育をおわる人々の成長をはばんでいるだけでなく、大学に進んだり、インテリと目されたりする人々の精神力の健康さえもむしばみ、わが国の文化の実質をまことに脆弱なものにしています。単なる博識以上の根強い思索力・判断力、および確かな技術にささえられた教養を必要とする日本の将来にとって、これは真剣に憂慮されなければならない事態であるといわなければなりません。

わたしたちの「講談社現代新書」は、この事態の克服を意図して計画されたものです。これによってわたしたちは、講壇からの天下りでもなく、単なる解説書でもない、もっぱら万人の魂に生ずる初発的かつ根本的な問題をとらえ、掘り起こし、手引きし、しかも最新の知識への展望を万人に確立させる書物を、新しく世の中に送り出したいと念願しています。

わたしたちは、創業以来民衆を対象とする啓蒙の仕事に専心してきた講談社にとって、これこそもっともふさわしい課題であり、伝統ある出版社としての義務でもあると考えているのです。

一九六四年四月　野間省一